琉球方言とウチ・ソト意識

内間 直仁 著

研究社

まえがき
——ウチ・ソト意識について——

琉球方言とウチ・ソト意識の問題は、いずれまとめねばと思い続けてきたテーマである。これまでは主として琉球方言の音韻や文法の体系調査に多くの時間を充ててきた。琉球方言はその体系がまだ明らかでない方言が多いからである。ことばによる地域のコミュニケーションを根底から支えているのは、その地域の言語体系である。その意味でも地域ごとの体系を明らかにすることはとても重要なことである。その一方で、ことばと意識・文化・社会の関わりについても常に深い関心を寄せてきた。特に一九六六年から二〇〇〇年にかけて東京及び千葉で暮らすようになってからは、沖縄地域と関東地域の文化の落差に否応なしに向き合わざるをえなかった。関東地域にあって、大なり小なり心にゴツゴツと突き当たってくる違和感とそれに伴って起こる緊張状態とはいったい何だろうかという疑問が常に心の中にあった。特に上京したての一九六六年から七二年頃までの期間は、大学紛争の最中にあって、荒廃した大学で大学院を修了し引き続いて大学の助手も勤めるという、誠に厳しい状況下で過ごしてきた。それだけにまた沖縄とは異なる文化に対する違和感も強まったのかもしれない。その緊張状態は時が経つにつれて徐々に緩やかになっていったが、二〇〇一年沖縄に帰るまで完全に消えることはなかった。もちろん沖縄にあってもある種の緊張感をもって暮らしているのだが、それは関東で暮らしていたときのものとはいくぶんどこかが違う。なにが違うのか。その問い掛けは今もなお心の中で燻っている。

その絶えざる問い掛けの中からほのかに見えてきた答えらしきものが一つある。それがウチ・ソト意識である。ウチ・ソト意識は、上代、中古、中世にかけての古代日本語の用法の中にもみられるが、現代中央語(共通語)でも代名詞の用法などでみられるという指摘がなされている。ならば琉球方言ではどうだろうか。

ところで、大学の助手時代に出身地の沖縄県本部町瀬底方言の代名詞、ア(私たち)、アガーミ(私たち。アガンともいう)の用法を通して、沖縄には「彼我弁別意識」とともに「彼我一体化意識」もあるということを指摘したことがある(「奈良時代の人称代名詞について」『都大論究　第10号』東京都立大学国語国文学会、一九七二年)。この論考は奈良時代の人称代名詞「あ」と「わ」の用法を明らかにする目的でまとめたものであったが、その解明に大きな示唆を与えたのが瀬底方言のア、アガーミの用法であった。その後も引き続いて琉球方言の表現をみていくと、その基底に自他区別意識とともに自他一体化意識も脈々と横たわっているのではないかと考えるようになった。さらに、自他意識とは要するにウチ・ソト意識ではないかと考えるようになった。しかしウチ・ソト意識と言っても多少曖昧で、術語として用いる際にはもう少ししっかりと規定しなおさなければならない。

そこで、これまでの研究を踏まえつつ現代中央語及び琉球方言の代名詞の用法を考察する過程の中から、ウチ・ソト意識を次のように捉えた方がより妥当ではないかと考えるようになった。すなわちウチ・ソト意識でもっとも重要なのは、ウチとソトの境界がどう設定されるかということである。代名詞の用法などをみてゆくと、その境界は意識の向けられる対象との間に出来るものと考えられる。意識の向けられている対象は他者化され、客観化され、ソト扱いされて、それと主体(話し手)との間にウチ・ソト意識の境界が出来ると考えられる。例えば、話し手の意識が聞き手に向けられていると、話し手と聞き手の間に境界が出来る。話し手を中心にして話し手とその境界を半径とする円周が形成される。円周内がウチであり、円周外がソトである。話し手の意識が「彼、彼女」など聞き手以外の第三者に向けられたとき、今度は話し手と第三者との間に境界が出来る。それに伴って話し手と聞き手との間にあったウチ・ソトの境界は消滅し、今度は話し手と聞き手が一体化して、その一体化した話し手を中心にしてそれと第三者との間に形成された境界を半径とする比較的広い円周が形成される。もちろん円周内がウチで円周外がソトである。

このようにウチ・ソト意識は意識の向けられる対象との間にそのつど形成される。このウチ・ソトの境界は固定的ではなく流動的で、意識の向けられる対象によっては狭くもなり広くもなる。例えば家庭内で父親に意識が向けられたときは、父親はソト扱いを受ける。「どうして勝手に人(私)の引き出しを開けるの?」という場合、父親はソト扱いを受けている。しかしお隣さんに意識が向けられたときは、父親も含めてわが家はウチなる世界である。またよその村が意識の対象となった場合は、わが村はウチなる世界である。さらに本土が意識に上ったときは、沖縄全体がウチなる世界を形成する、ヤマトゥンチュー(本土人)とウチナーンチュウー(沖縄人)の表現はそれを示す。

このウチ・ソト意識は、琉球方言の表現の基底を深々と貫いている。本書ではそのことを代名詞、助詞ガ(が)とヌ(の)、挨拶ことば、『おもろさうし』のことばなどの用法を通して示してある。ウチの領域では意識的であれ無意識的であれ他者との一体化志向が顕著にみられ、それがまた分け隔てない温かい人間関係を醸成し、沖縄共同体社会の中核をなしている。それはメリットであると同時にまたデメリットとしても働くことについては本書の中で述べてある。

ことばの研究は、ことばそのものを対象として、ことばの内部の仕組みや地域ごとの違いあるいは時代的な変化の過程などを客観的に明らかにしてゆくことを目指す。と同時にまたことばと意識・文化・社会の関わりについても明らかにしてゆくことを目指す。本書は主に琉球方言を対象に後者の目的に添うもので、その一端を示すことを試みたものである。

目　次

第一章　琉球方言を通してみた沖縄文化
――沖縄文化を支えるウチ・ソト意識――

はじめに

沖縄社会の特徴として、次のことがよくあげられる。
（1）県外に出た若者の多くが戻ってくるユーターン現象がみられる。
（2）県外からの移住者も多い。
（3）比較的長寿の社会である。
（4）離婚率も比較的高い。
このような特徴をもつ沖縄社会とその文化を、それを支える意識を中心に、琉球方言の側面から考察する。

一　琉球方言の区画

日本語は大きく本土方言と琉球方言に分かれる。その境界線はトカラ列島と奄美大島との間にある。琉球方言はまた次のように区画される。

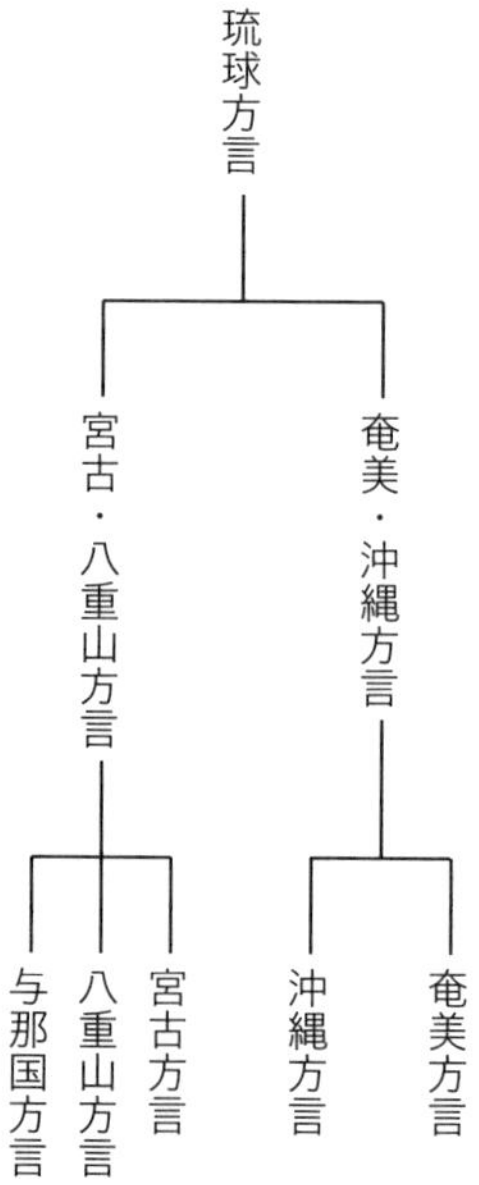

これからもわかるように、琉球方言は大きく奄美・沖縄方言(北琉球方言ともいう)と宮古・八重山方言(南琉球方言ともいう)に分かれる。その境界線は久米島と宮古島との間にある。奄美・沖縄方言はさらに奄美方言と沖縄方言、宮古・八重山方言は宮古方言、八重山方言、与那国方言に区画される。奄美方言から与那国方言に至るこれら五つの方言群は相互にコミュニケーションが不可能なほど違っている。

二　琉球方言における二大変化

琉球方言は五、六世紀頃までには本土方言から分岐していたとされている。分岐後の琉球方言には、概して次の二大変化が起こっている。

1　二大変化のその一

――5母音の3母音化――

琉球方言は、中央語(現代共通語)との対応関係でみた場合、基本的には3母音である。この3母音化は一五世紀末頃まではかなり進行していたといわれている(外間 二〇〇〇b)。その対応関係を示すと、次のとおりである。

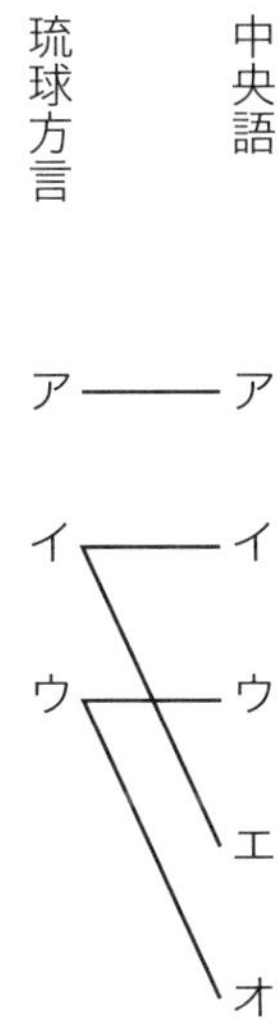

例は次のとおり(琉球方言の例は那覇方言)。

中央語	穴	後	石	色	牛	歌
琉球方言	アナ	アトゥ	イシ	イル	ウシ	ウタ
	[ʔana]	[ʔatu]	[ʔiʃi]	[ʔiru]	[ʔuʃi]	[ʔuta]

中央語	毛	手	音	親
琉球方言	キー	ティー	ウトゥ	ウヤ
	[kiː]	[tiː]	[ʔutu]	[ʔuja]

この3母音化が種々の音変化を誘発して、琉球方言独特の音声を形成している。

1　母音への影響

中央語の5母音との対応関係でみるならば、琉球方言は3母音となっているが、その変化に伴い、あるいは3母音化した後の母音どうしの結合などで新たな母音を形成し、結果としては多様な母音体系をもつ方言となっている。3母音化が母音体系にどういう影響を及ぼしたのかを主な方言でみると、以下のようになる。最初は沖縄方言について、次に奄美、宮古、八重山、与那国の順にみてゆく。

（1）沖縄方言（那覇）

ア [a]、イ [i]、ウ [u]、エ [e]、オ [o]、の5母音体系。3母音化した後のア [a]、イ [i]、ウ [u] に加えて、新たにエ [e]、オ [o] が成立している。そのエ [e]、オ [o] は、アイ [ai]、アエ [ae] → エー [eː] およびアウ [au]、アオ [ao] → オー [oː] と、母音どうしの結合によって新たに成立したもので、普通は長母音の形であらわれる。

メーニチ [meːnitʃi]（毎日）、メー [meː]（前）、トー [toː]（唐）、オーサン [ʔoːsaɴ]（青い）

（2）奄美方言（名瀬《なぜ》）

ア [a]、イ [i]、ウ [u]、エ [e]、オ [o]、イゥ [ï]、エゥ [ë]、の7母音体系。奄美方言と沖縄方言の大きな違いは、エ [e] → イゥ [ï] となる点である。

ミゥ [mï]（目）、アミゥ [ʔamï]（雨）

沖縄方言ではエ [e] → イゥ [ï] → イ [i] と変化し、結果的にはエ母音はイ母音となっている。奄美方言では、その一歩手前のイゥ [ï] があらわれる。また、アエ [ae] → エゥ [ë] となる点も沖縄方言とは異なる。

メゥ [mëː]（前）、フェゥ [ɸëː]（南）

その他は沖縄方言とほぼ同じである。たとえば、アイ [ai] は融合して新たにエー [eː] 母音（短母音エ [e] ともなる）

を成立させている。

　ネン［neŋ］（ない）、セック［sekku］（大工）

（3）宮古方言（平良《ひらら》）

　ア［a］、イ［i］、ウ［u］、エ［e］、オ［o］、イゥ［ï］、の6母音体系。宮古方言の大きな特徴は、エ［e］→イ［i］の変化に伴い、もとのイ母音が、イ［i］→イゥ［ï］と変化していることである。

　エ［e］　→　イ［i］——ウディ［udi］（腕）、ナビ［nabi］（鍋）

　イ［i］　→　イゥ［ï］——シゥタ［sïta］（下）、ピゥギ［pïgi］（髭）

奄美方言にもイゥ［ï］があらわれるが、これはエ［e］→イゥ［ï］と変化したもので、イ［i］→イゥ［ï］と変化している宮古方言のイゥ［ï］とは性格を異にしている。

（4）八重山方言（石垣）

　ア［a］、イ［i］、ウ［u］、エ［e］、オ［o］、イゥ［ï］、の6母音体系。基本的には宮古方言と同じである。波照間方言ではエゥ［ë］もあらわれ、7母音体系をなしている。

　ペゥー［pë:］（鍬）、メゥー［më:］（前）

また西表祖納《そない》方言ではア母音などで鼻母音もあらわれ、宮古方言と違う面もある。

（5）与那国方言（祖納）

　ア［a］、イ［i］、ウ［u］、の3母音体系。与那国方言は母音体系においても宮古方言や八重山方言と区別される。子音ではヤ行音がダ行音になる点でも大きな特徴を示す。

　ダマ［dama］（山）、ドゥル［duru］（夜）、ドゥミ［dumi］（嫁）

2　子音への影響

5母音から3母音への変化は、子音にも影響を与え、種々の変化をもたらしている。その変化を顕著に示すのがカ行音およびハ行音で、それを沖縄北部名護方言と八重山石垣方言で示すと、以下のようになる。

（1）名護方言

（A）カ行音

名護方言のカ行音は中央語と次のような対応を示す。

中央語	カ	キ	ク	ケ	コ
名護	ha	kʔi	kʔu	ki	ɸu

カはハ [ha] となる。

ハジ [haʤi]（風）、ハギ [hagi]（影）

キは無気喉頭化音ッキ [kʔi] となる。

ッキンヌー [kʔinnuː]（昨日）、ッキン [kʔiŋ]（切る）

これは中央語のケがケ [ke] →キゥ [kï]（奄美）→キ（沖縄）となり、ケがキに近づいてきたため、もとのキがこれと区別する必要から、無気喉頭化してッキ [kʔi] となったためである。那覇方言ではキはチに変化している。

チヌー [ʧinuː]（昨日）、チーン [ʧiːŋ]（切る）

沖縄中南部方言ではほとんどキはチとなる。

クは無気喉頭化してック [kʔu] となる。

ックギ [kʔugi]（釘）、ックムン [kʔumuŋ]（汲む）

これも中央語のコがコ [ko]→ク [ku]（沖縄）となり、コがクに近づいてきたため、もとのクがこれと区別する必要から、無気喉頭化してック [kˀu] となったためである。

ケはキ [ki] となる。

キー [kiː]（毛）、キン [kiŋ]（蹴る）

コは名護方言ではフ [ɸu] となる。

フー [ɸuː]（粉）、フシ [ɸuʃi]（腰）

このように母音の変化は子音にも大きな変化をもたらしている。

(B)　ハ行音

名護方言のハ行音は中央語と次のような対応を示す。

中央語	ハ	ヒ	フ	ヘ	ホ
名護	pa	pˀi	pˀu	pi	pu

名護方言では、ハはパ [pa] となる

パー [paː]（葉）、パナー [panaː]（花）

ヒは無気喉頭化音ッピ [pˀi] となる。

ッピー [pˀiː]（火）、ッピル [pˀiru]（昼）

これは文献以前のハ行音のペがペ [pe]→ペゥ [pï]（奄美）→ピ [pi]（沖縄）となり、ペがピに近づいてきたため、もとのピがこれと区別する必要から、無気喉頭化してッピ [pˀi] となったためである。

フも無気喉頭化してップ [pˀu] となる。

ップニ [pˀuni]（舟）、ップユ [pˀuju]（冬）

これも文献以前のハ行音のポがポ [po]→プ [pu]（沖縄）となり、ポがプに近づいてきたため、もとのプがこれと区別する必要から、無気喉頭化してップ [pˀu] となったためである。

ヘはピ [pi] となる。

ピー [piː]（屁）、ピラ [pira]（へら）

ホはプ [pu] となる。

プー [puː]（粉）、プニ [puni]（骨）

さて、ハ行子音は現代共通語ではh音なのに、名護方言ではなぜp音になるのかという疑問が湧く。それについては、以下のように考えられている。すなわち日本語において、奈良時代を遡るはるか文献以前においては、ハ行子音はp音で、パ、ピ、プ、ペ、ポであった。すなわち、名護方言と同じようにパー（葉）、パナ（花）、ピー（火）などと発音されていた。それが奈良時代から室町時代にかけてはɸ音となり、江戸時代になってh音になったといわれている。たとえば、「花」はパナ [pana]（文献以前）→フヮナ [ɸana]（奈良～室町）→ハナ [hana]（江戸）と変化している。琉球方言では、時代を異にするその三つの語形が地理的分布を異にしてあらわれる。琉球方言が貴重であるとされる理由の一つである。たとえば、「針」は名護方言などでは「パイ」[pai]、本部町瀬底《せそこ》方言などでは「フヮイ」[ɸai]、那覇方言では「ハーイ」[haːi] などという。p音は概して沖縄北部と宮古、八重山にあらわれる。

（2）八重山石垣方言

（A）カ行音

石垣方言のカ行音は中央語と次のような対応を示す。

中央語	カ	キ	ク	ケ	コ
石垣	ka	kï	ɸu	ki	ku

カはカ [ka] となる。
　カジ [kaʤi]（風）、カイ [kai]（影）
キはキゥ [kï] となる。
　キゥヌ [kïnu]（昨日）、キゥン [kïŋ]（切る）
これは中央語のケがケ [ke]→キ [ki] となり、ケがキに近づいてきたため、もとのキがこれと区別する必要から、母音が中舌化してキゥ [kï] となったためである。
クはフ [ɸu] となる。
　フン [ɸuŋ]（釘）、フムン [ɸumuŋ]（汲む）
石垣方言ではクとコはフ [ɸu] とク [ku] で区別されている。
ケはキ [ki] となる。
　キー [kiː]（毛）、キルン [kiruŋ]（蹴る）
コはク [ku] となる。
　クイ [kui]（声）、クシゥ [kusï]（腰）

（B）ハ行音

石垣方言のハ行音は中央語と次のような対応を示す。

中央語	ハ	ヒ	フ	ヘ	ホ
石垣	pa	pï	ɸu	pi	pu

ハはパ [pa] となる。

パー [pa:]（葉）、パナ [pana]（花）

ヒはピゥ [pï] となる。

ピゥー [pï:]（火）、ピゥローマ [pïro:ma]（昼間）

これは文献以前のペがペ [pe] →ピ [pi]（沖縄）となり、ペがピに近づいてきたため、もとのピがこれと区別する必要から、母音が中舌化してピゥ [pï] となったためである。

フはフ [ɸu] となる。

フニ [ɸuni]（舟）、フユ [ɸuju]（冬）

石垣方言ではフとホはフ [ɸu] とプ [pu] で区別されている。

ヘはピ [pi] となる。

ピー [pi:]（屁）、ピナルン [pinaruŋ]（減る）

ホはプ [pu] となる。

プー [pu:]（粉）、プニ [puni]（骨）

石垣方言のハ行音も、文献以前のp音に対応するものと解される。

以上のように母音の変化は子音にも大きな変化をもたらし、結果としては多様な音声をもつ独特の方言となっている。

2　二大変化のその二
——元の琉球方言の衰退とウチナーヤマトゥグチ（沖縄式共通語）の成立——

1　元の方言の衰退

本土復帰（一九七二年）以降、多様な音声と独特の文法構造をもつ元の琉球方言は急速に衰退しつつある。代わって若年層では共通語化が進行し、あるいはウチナーヤマトゥグチ（沖縄式共通語）といわれる表現法が成立している。衰退の例として、沖縄市字古謝《こじゃ》方言の親族語彙で示すと、次のとおりである（山口　二〇〇四）。

	70代	**60代**	**50代**	**40代**	**30代**	**20代**
祖父	ウスメー	ウスメー	オジー	オジー	オジー	オジー
祖母	ハーメー	ハーメー	オバー	オバー	オバー	オバー
父	スー	スー	オトー	オトー	オトー	オトー
母	アンマー	アンマー	オカー	オカー	オカー	オカー
兄弟	チョーレー	チョーレー	チョーレー	チョーレー	キョーダイ	キョーダイ
従兄弟	イチク	イチク	イチク	イチク	イトコ	イトコ
子供	ワラビ	ワラビ	ワラビ	ワラビ	コドモ	コドモ
親	ウヤ	ウヤ	ウヤ	オヤ	オヤ	オヤ
孫	ンマガ	ンマガ	ンマガ	ンマガ	マゴ	マゴ
婿	ムーク	ムーク	ムーク	ムーク	ムコ	ムコ
嫁	ユミ	ユミ	ユミ	ユミ	ヨメ	ヨメ

親族語彙では「祖父」から「母」までの語で、六〇代と五〇代の間で相違の境目がみられる。七〇代が用いる「ウスメー」(祖父)は「お主前」に対応するもので、「お」は尊敬接頭辞、「前」は尊敬接尾辞である。はじめは敬意度の高い語であったが、使いつけているうちに敬意度が落ち、それに替わって五〇代以下では「オジー」となっている。これは「おじいさん」の末尾「さん」を省略したもので、「お」で尊敬を表していて、加えて「さん」までつけると水臭い、親しさが表せないと思い、「オジー」としたものと考えられる。「ハーメー」(祖母)は「母前」に対応し、五〇代以下では「オバー」となっている。「オバー」は「おばあさん」の末尾「さん」を省略したもので、その置き換えの経緯は「オジー」の場合と同様であると考えられる。「スー」(父)、「アンマー」(母)はそれぞれ「主」「あも(奈良時代東国語の母を表す語)ア(人、ものを表す接尾辞)」に対応するもので、それが五〇代以下では「オトー」「オカー」に替わっている。「オトー」「オカー」は「お父さん」「お母さん」の「さん」を省略したものである。一方、「兄弟」から「嫁」までの語は三〇代から共通語化していることがわかる。

2　方言の継承度

では元の方言はどの程度継承されているのであろうか。それを世代別に調査しまとめた結果が報告されている。それを示すと次のとおりである(山口 二〇〇四)。

70代	60代	50代	40代	30代	20代
100%	99%	86%	71%	25%	23%

これは、七〇代の話者(男性)から調査した方言語彙の中から日常よく用いられる語彙五二一語を選んで、それを

基準として世代別調査を実施した結果である。これをみると四〇代と三〇代の間に大きな落差があることがわかる。ほぼ同様の結果が沖縄本島南部玉城《たまぐすく》村字中山方言、沖縄本島国頭村字宇嘉《うか》方言などでも報告されている。ただし、地域によって継承度は異なり、たとえば宮古伊良部町長浜方言などでは、二〇代で八五パーセント、一〇代でも六四パーセント継承されているという報告がなされている（山口　二〇〇四）。この調査は今後も引き続き実施し、地域ごとの継承実態とその要因を考察する必要がある。

3　ウチナーヤマトゥグチ（沖縄式共通語）の例

元の琉球方言が衰退してゆく中で、三〇代以下の若年層では概して共通語形が用いられているが（アクセントは異なる）、そのほかに、幅広い層で用いられているのがウチナーヤマトゥグチ（沖縄式共通語）である。ウチナーヤマトゥグチは、主として方言使用者である高年層が方言をよく知らない若年層に対してできるだけ共通語らしきものでコミュニケーションを図ろうとしたところから生まれたものである。ウチナーヤマトゥグチは、概していうならば、方言の直訳式共通語、あるいは共通語文型の中に共通語では言い表せない微妙なニュアンスを伴った方言語彙をちりばめた表現法である。以下その用例の一部を示す。

アイ！　トッテモ　カワイーサー　チンチミヨーカネー（あれ！、とってもかわいいね。つねろうかな）。

ガッコー　アルイテイルサー（学校歩いている。学校へ通っているの意）。

ドゥーチュイムヌイーモ　ヨク　スル（独り言もよくいう）。

チムドゥドゥン　スル（心がどきどきする）。

ヒッチー　ユンタクヒンタク　スルサー（しょっちゅうおしゃべりする）。

オマエ　シナスヨ（おまえ、死なすよ。ぶん殴るぞの意）。
アノヒト　デージ　アワテテイルサー（あの人とても慌てているよ。急いでいるの意）。
コレハ　ナマカラ　ツクルバーヨー（これは今から作るわけよ）。
ユクシジラ　シテイルサー（嘘っぽい顔つきしているよ）。
デージ　ワジワジー　シタヨー（とても怒ったよ）。

三　琉球方言からみた沖縄文化を支える意識

以上現在の琉球方言の実態について概観してきたが、次に、その琉球方言を通してみえてくる沖縄の意識のあり方についてみてゆくことにする。その意識は沖縄の文化・社会を基底から深々と支えているものと解される。その意識とは、結論から先にいえば、彼我一体化、彼我同一視の意識である。そのことをいくつかの事例を通してみてゆくことにする。

1　ワッター（私たち）とアガーミ（私たち）の世界

沖縄本島北部本部町瀬底方言の代名詞の語形に次のようなものがある。

ワッター　私たち。聞き手を含めない。話し手側のウチ（自）に対して聞き手側はソト（他）とみなした場で用いられる。

アガーミ　私たち。聞き手を含める。聞き手を含めたその周辺を心理的に話し手側と同一、すなわちウチ（自）

とみなし、それ以外をソト(他)とみなした場で用いられる。

たとえば、「ワッター ウヤー」(私たちの親)という表現は、普通兄弟姉妹に対してはいわない。聞き手は血縁関係のない他者である場合が多い。これに対して、「アガ ウヤー」(私たちの親)という表現もある。これは兄弟姉妹以外に対しては用いない。聞き手は家族構成員やかなり近い血縁関係に限られる。「アガ」の「ア」は「アガーミ」と同じ意味を表すが、文法的働きが違う。「ア」は連体修飾の働きをもっぱらとする。「アガーミ」はそれ以外の働きを担う。

これらの語形は本部半島の方言全般にみられ、また他の琉球方言にもみられる。「アガーミ」は彼我一体化、彼我同一視の場で用いられる語で、ぬくもりを内包した語である。

2　親族語彙

親族語彙を通しても、一体化の世界はみえてくる。まず上代から中古にかけての古代日本語の親族語彙を古語辞典で拾って分析してみると、次のようになっている(大野　一九七四、中田　一九八三)。

古代日本語

曾祖父	おほおほぢ(大大父)	「ち」(父)が共通構成要素
祖父	おほぢ(大父)	
父	ち(父)	
おじ	をぢ(小父)	

曾祖母　おほおば(大大母)
祖母　おほば(大母)
母　はは(母)
おば　をば(小母)

「はは」(母)が共通構成要素

これらをみると、「曽祖父」から「おじ」までの語形には共通構成要素として「ち(父)」があることがわかる。また「曾祖母」から「おば」までの語形には共通構成要素として「は(母)」があることがわかる。これからすると、古代日本語では「曾祖父」から「おじ」までを「父」、「曾祖母」から「おば」までを「母」と同じようにみなしていたことがわかる。

次に、沖縄那覇方言の親族語彙は次のようになっている。矢印の下は対応語である。

沖縄那覇方言

曾祖父　ウフータンメー　←　おほ(大)　ターレン(大人)　まえ(前)
祖父　タンメー　←　ターレン(大父)　まえ(前)
父　ターリー　←　ターレン(大人)
　　スー　←　しゅ(主)
　　チャーチャー　←　ち(父)　ア(人、ものを表す接尾辞)
おじ　ウジャサー　←　をぢ(小父)　アサ(父)
　　ウフチャーチャー　←　おほ(大)　ち(父)　ア(人、ものを表す接尾辞)
　　ウンチュー　←　をぢ(小父)　ひと(人)

曾祖母　ウフーパーパー　←　おほ(大)　はは(母)
祖母　パーパー　←　はは(母)
母　アンマー　←　あも(母)　ア(人、ものを表す接尾辞)
おば　ウバマー　←　をば(小母)　あも(母)　ア(人、ものを表す接尾辞)

これをみると、「曽祖父」から「おじ」までの語形には「父」を表す「アサ」「ち」「しゅ」「ターレン(大人。目上または地位の高い人に対する尊称)」が共通構成要素として組み込まれていることがわかる。琉球方言では、「父」を表す語は「アサ」→「チ」→「スー」→「ターレン→ターリー」と変化している。「ターレン」は中国語からの借用である。古代日本語と同じく「曾祖父、祖父、おじ」を「父」と同じようにみなしていることがわかる。また「曾祖母、祖母、おば」には「母」を表す「はは」「あも(奈良時代東国語の母を表す語)」が共通構成要素として組み込まれていることがわかる。これも古代日本語と同じく「曾祖母、祖母、おば」を「母」と同じようにみなしていることがわかる。

宮古・八重山方言では「父母」と同じようにみなす一体化の世界が「兄姉」まで広がる。宮古伊良部長浜方言の「母」「おば」「姉」を表す語形は次のようになっている。

宮古伊良部長浜方言

母　アンナ　←　あね(姉)　ア(人、ものを表す接尾辞)
一番上のおば　ウクアンナ　←　おほき(大)　あね(姉)　ア(人、ものを表す接尾辞)
二番目のおば　ナカアンナ　←　なか(中)　あね(姉)　ア(人、ものを表す接尾辞)
姉　アニ　←　あね(姉)

これからもわかるように、「母」「おば」「姉」を表す語形には「あね」が共通構成要素として組み込まれている。これは「姉」も「母」と同じようにみなす一体化の世界があることを語っている。

八重山石垣方言の「兄姉」を表す語形は次のようになっている。

八重山石垣市宮良《みやら》方言

一番上の兄　フッチャ　←　おほ(大)ちち(父)ア(人、ものを表す接尾辞)
二番目の兄　ナカチャ　←　なか(中)ちち(父)ア(人、ものを表す接尾辞)
一番上の姉　ホンマー　←　おほ(大)あも(母)ア(人、ものを表す接尾辞)
二番目の姉　ナカアンマ　←　なか(中)あも(母)ア(人、ものを表す接尾辞)

これを見ると、「兄」を表す語形には「ちち(父)」、「姉」には「あも(母)」が組み込まれていることがわかる。「兄、姉」まで「父母」と同じようにみなしていることがわかる。

これら親族語彙を通してみえてくるのは、沖縄では「父母」と同一とみなす世界が、「曾祖父母」「祖父母」から「おじ、おば」さらに「兄姉」まで広がっているということである。農業中心の沖縄では、両親が野良仕事に出ている間、親に代わって幼い弟妹の世話を見るのは「曾祖父母」か「兄姉」であり、現在でも「兄姉」は親代わりという意識がある。

3　声をやり交わす。目を見交わす

『おもろさうし』に収められているオモロにも、「声をやり交わす」「目を見交わす」ことによって一体化を図る世界がみえている。その構図を示すと、次のようになる(内間　一九九四)。

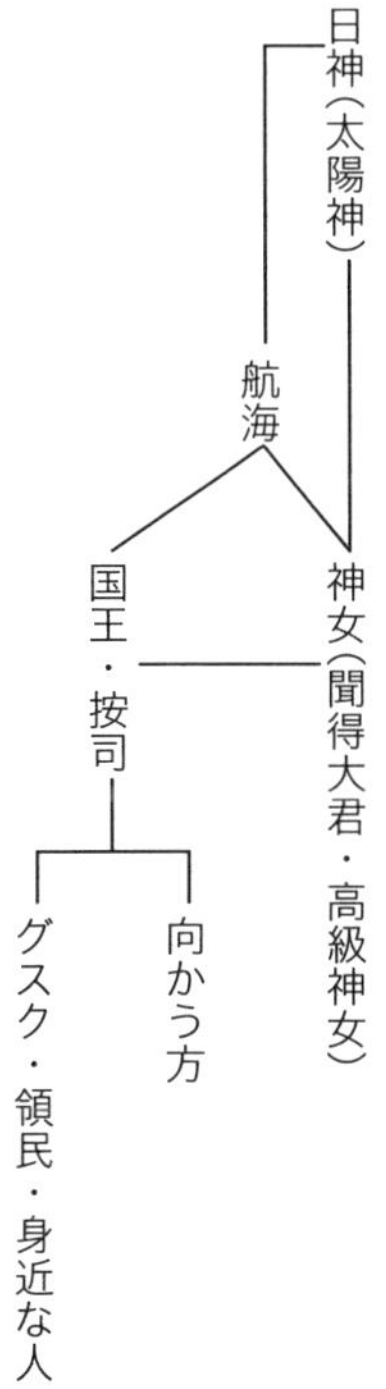

以下、それが謡われているオモロの例を示す（外間 二〇〇〇a）。

347　一　きこゑ大きみきや
やゝの　きくたけに
のほて　おわちへ　さりよく
てた　てるかはと、
とこへ　やりかわちへ　（以下略）

［訳　名高い霊力豊かな聞得大君が、立派なきく嶽に登って、鎮座して、下界を見下ろしながら、太陽神と美しい声をやり交わして。］

このオモロでは聞得大君《きこえおおきみ》（琉球王国時代における最高位の神女）が立派なきく嶽に登って太陽神と美しい声（ことば）をやり交わして心を一つにしていることが謡われている。心を一つにすることによって、太陽神から霊力を受け継ぐことになる。こうして霊力を身に纏った聞得大君は、次の高級神女の首里大君や差笠神女と、同じく美しい声をやり交わすことで心を一つにし、太陽神の霊力を受け渡してゆくことがオモロを通して見て取れる（オモロの例は割愛する）。

このように霊力を身に纏った聞得大君や首里大君は、今度は国王と「あまこ」(目。「まなこ」の変化)を見交わすことによって、その霊力で国王を守ることになる。それを謡ったのが次のオモロである。

112　一　きこゑ大きみきや
　　　おぼつゑが　とりよわちへ
　　　けおのうちは　おしあけて
　　　あちおそいしよ
　　　ともすへ　ちよわれ
　　（中略）
　　又　あちおそいと　よきやて
　　　あまこ　あわちへ　あすて
　　又　わうにせと　よきやて
　　　みかう　あわちへ　あすて
　　又　きみきみか　いのらは
　　　てるかはか　まふらは

[訳　名高い霊力豊かな聞得大君が、天上の吉日を選び取り給いて、気の内を押し開けて天降りすれば、国王さまこそ永遠にましませ。(中略)国王様と行き合って目を合わせ、顔を合わせて神遊びをする。神女たちが祈ったならば、太陽神が守ったならば、国王様は永遠にませ。]

聞得大君という最高位の職には、王の姉妹や王妃が就いている。その任務は国王を霊的に守護するとともに王国の繁栄、航海の安全、農作物の豊穣などを霊的に守護することである。沖縄には姉妹が兄弟を霊的に守護するという「おなり神」信仰があり、王国の信仰もそれに基づくものとみられている（外間 一九九五）。目を合わせる、顔を合わせるという行為が心を一つにするのにいかに重要であるかをこのオモロは語っている。

　こうして霊的に守護された国王とその国王が遣わす交易船も霊的に守護され、向かう先々と和合し調和することを謡ったのが次のオモロである。

762　一　大きみは　たかへて
　　　　せち　あらとみ　おしうけて
　　　　大きみに
　　　　おゑちへ　こうて　はりやせ
　　又　せたかこは　たかへて
　　　　あちおそいきや　おさうせや
　　　　むかう　かた　しなて
　　又　おきやかもいか　御さうせや
　　　　むかう　かた　しなて
　　又　あちおそいきや　おやおうね
　　　　おしうけ　かす　まふりよは
　　又　けらへ　せちあらとみ
　　　　くりうけ　かす　まふりよは

又　ふれしまの　かみかみ
あよそろて　まふりよは
又　きみはえは　たかへて
せちあらとみ　おしうけて
又　のろのろは　たかへて

［訳　聞得大君（精高子）は神を崇め称える。霊力豊かな新富船を浮けて、聞得大君に追風を乞い願って走らせよ。国王（尚真王）のお心は向かう先々と調和し、国王のお心は向かう先々と和合する。国王の立派な御船、霊力豊かな新富船を押し浮かべ、造り浮かべるごとに守り給え。群れ島の神々も心を揃えて守りたまえ。君南風神女、ノロたちは（神を）崇める。］

これは聞得大君や島々の神女、ノロたちが、国王の心を乗せて航行する船を霊力で守り、こうして国王の心は向かう先々と和合し一体化して、その思いも叶えられるという旨を謡ったオモロである。そこには、太陽神から授かった霊力を通して神女と国王、航海、さらには向かう先々とも一体化するという意識が脈々と流れていて、それを「しなう（撓う。調和する）」という表現で表している。

以上のように、聞得大君はまず太陽神と声をやり交わしてそれと一体化し、太陽神の霊力を身につける。しかる後に高級神女とも声をやり交わして一体化し、その霊力を受け渡してゆく。このように霊力を身に帯した聞得大君や首里大君が、今度は国王と目を合わせて、その霊力でもって国王を守護し、王国と国王の繁栄・安泰を願うという構造がみられ、その根底にも他者との一体化、同一化を志向する意識が見て取れる。

4　表現における視点の移動

琉球方言には、表現における視点の移動がみられる。この表現法も彼我一体化・彼我同一視を抜きにしては説明がつきにくいものである。沖縄本島北部本部町瀬底方言の例で示す（久野マリ子 二〇〇五には他の同様の例が多く示されている）。

1　リーン（られる。受身）

（a）　ウヤネー　アチカラリーン（親に叱られる。受け身）

（b）　ミジ　ハキラリーミ（水をぶっかけられるか。水ぶっかけるぞ。能動）

（a）の表現の視点は話し手に置かれていて、「受け身」表現となる。（b）の表現は、実際はこちらから「水をぶっかける（能動）」意であるが、聞き手側に表現の視点が移動しているので、「水をぶっかけられるか（受け身）」と受け身表現の形式をとっている。（b）の表現は相手に迷惑あるいは被害をもたらす場合によく用いられる。たとえば、「ブチサイ　スグラリーミ」（鞭でたたかれるか。鞭でたたくぞ）、「タックルサリーンドー」（殴られるぞ。殴るぞ）、「ヒササイ　キラリーミ」（足で蹴られるか。足で蹴るぞ）などという。これは相手と一体化し、相手の立場に身を置いた表現法で、迷惑、被害を共有する心情が見て取れる。

2　スン（せる。使役）

（a）　クヮーシ　トゥラスン（お菓子を取らせる。あげる）

（b）　ユー　ミチ　トゥラスン（よくみて取らせる。くれる）

「トゥイン」（取る）の使役形「トゥラスン」は、「やる、あげる」の意にも「もらう、くれる」意にも用いられる。「やる、あげる」は「キーン」または「クィーン」ともいうが、「トゥラスン」は身近な間柄の場合によく用いられる。「トゥラスン」は「トゥイン」（取る）の未然形「トゥラ」に使役の助動詞「スン」のついたものである。直訳すれば、「取らせる」となる。これは目上、目下に関係なしに用いられる。（a）の表現の視点は聞き手に置かれていて、「（子供に）お菓子を取らせる。お菓子をあげる」という表現形式になっている。（b）の表現は、話し手側に表現の視点が移動していて、「よく面倒みるということを（私に）取らせる。（私の）面倒をよくみてくれる」という表現形式をとっている。すなわち、「トゥラスン」の一語で「やり、もらい」の表現をまかなっていることになる。第三者に視点が置かれたときは、「アリネー　トゥラースン」（彼に取らせる。彼にあげる）となる。

同様の表現は「ナラースン」（習わせる。教える）にもいえる。琉球方言には、「ナラーユン」（習う）という語はあるが、「教える」を意味する語はない。「教える」は「ナラーユン」（習う）の未然形「ナラワ」に「スン」のついた「ナラワスン」が変化した「ナラースン」（習わせる。教える）で表す。話し手に視点を置いたときは、「ワンネー　ナラースン」（私に習わせる。私に教える）、聞き手に置いたときは、「イッターネー　ナラースン」（君たちに習わせる。君たちに教える）、第三者に置いたときは、「アリネー　ナラースン」（彼に習わせる。彼に教える）となる。

「カラスン」（借らせる。貸す）も同様である。琉球方言には、「カイン」（借りる）という語はあるが、「貸す」を意味する語はない。近年は「カスン」（貸す）という言い方をする場合があるが、新しい語形である。「貸す」は「カイン」（借りる）の未然形「カラ」に「スン」のついた「カラスン」（借らせる。貸す）で表す。話し手に視点を置いたときは、「ワンネー　カラスン」（私に借らせる。私に貸す）、聞き手に置いたときは、「イッターネー　カラスン」（君たちに借らせる。君たちに貸す）、第三者に置いたときは、「アリネー　カラスン」（彼に借らせる。彼に貸す）となる。

八重山西表祖納方言では、「コン」（買う）はあるが、「売る」を表す語形は見出しえなかった。「売る」は「コン」の未然形「カー」に「スン」のついた「カースン」（買わせる）で表す。これも表現視点の移動によるもの。

以上のように、「トゥイン」（取る）の使役形「トゥラスン」で「与える。あげる」、「ナラーユン」（習う）の使役形「ナラースン」で「教える」、「カイン」（借りる）の使役形「カラスン」で「貸す」、「コン」（買う）の使役形「カースン」で「売る」意を表して、新たな別語形を必要としなかったのは我と他者を明確に区別しないで、表現の視点の移動が可能であったからであると解される。

3　クーン（来る）

（a）アマハラ　チューヌ　クーン（あそこから人が来る）

（b）アマンガティ　クーンドー（あそこへ来るぞ。あそこへ行くぞの意）

これも表現の視点の移動によるものである。「イクン」（行く）という語もあり、「アマンガティ　イクンドー」（あそこへ行くぞ）ともいうが、時には「クーン」（来る）が、（b）例のように「行く」意にも用いられる。これはごく親しい間柄の場合によく用いられ、実際はこちらから「行く」意であっても、視点を聞き手側に移した立場からすれば、「来る」ことになるのである。我と他者を明確に区別しない意識から生まれている表現法である。

5　チム(肝、心)の表現

琉球方言には「チム」(例は那覇方言)ということばがある。これは、「ッワーヌ チム」(豚の肝)などのように「肝、肝臓」を表すとともに、「チム ヤムン」(心が痛む)などのように「心」の意も表す。「心」を表す語に「ククル」もあるが、「チム」の方がよく用いられる。「チム」は多くの複合語も作って現在も盛んに用いられている。その一つに「チムグリサン」(かわいそう、気の毒)ということばがある。「チムグリサン」は、相手のみるに忍びない状況に対してこちらの「肝(心)」も苦しくなるほどに痛むという状態を意味する。これを共通語に訳すると「かわいそう、気の毒」となるが、「かわいそう」の構成要素である「かわい」にほぼ相当する古形は「かはゆし」(恥ずかしさなどで顔がほてる感じだ。みるに忍びない。不憫である)で、「かほ(顔)はゆし(映)」の転とされている(大野 一九七四)。相手の忍びない状況をみると、「顔が赤くなる」ということであろうか。「気の毒」にしても、相手の忍びない状況をみると、こちらの「気の毒」(対語は「気の薬」)になるということで、琉球方言の「チムグリサン」のもっているニュアンスとは微妙に異なる。「チムグリサン」は相手の痛みに対してこちらの「肝も苦しくなる」という意味で、痛みを具体的に「肝臓の痛み」で共有していることがわかる。これも一体化に基づく表現である。

「チム」は、ほかに

チムアシガチ(肝足掻き。焦ること)、チムイチャサン(胆痛し。痛々しい)、チムイチュナサン(肝いとなし。心せわしい)、チムウチ(内心)、チムウミー(思い悩むこと)、チムガカイ(気がかり)、チムガナサン(肝かなし。心からいとおしい)、チムグーサン(小心である)、チムグクル(心)、チムグチ(みぞおち)、チムサワジ(胸騒ぎ)、チムシカラーサン(うら寂しい)、チムジュラサン(肝清らし。心優しい。情け深い)、チムティーチ(心を一つにすること)、チムナガサン(のんびりしている)、チムヒジュルサン(こわい、恐ろしい)、チムビルサン(肝広し。寛容である)、チムフジュン(満足する)、チムフトゥフトゥースン(怒りやこわさなどで体が震える)、チムマユイ(心の迷い)、チムムチムン(肝持ち者。人情のある人)、チムラクラクー(胸がどきどきするさま)、チムワサミチ(胸騒ぎ)、チムワサワサースン(胸騒ぎする、心がせく)、チムンチムナラン(心も心ならず。重く心にのしかかって、落ち着いていられない)

など、多くの複合語を構成して用いられている。

以下に、「チム」関連の語が用いられている文章例として、沖縄の悲歌劇「トゥマイアーカー(泊阿嘉)」の遺言状を示す。

グソン　タビダチン　チカクナチ　ウリバ　(後生への旅立ちも近くなっておれば)
ユミウチチグクロ　チムン　チムナラン　(夢うつつ心、心も心ならず)
ユシマラン　ウティル　ナミダ　シタタラチ　(止むに止まれず、落ちる涙を滴《したた》らして)
シジリミジ　ナサイ　ジリハジン　ワシティ　(硯水にして義理恥も忘れて)
アマタ　ウムクトゥヌ　ハシバシヤデンシ　(数多《あまた》思うことの端々でも)
カチユシタタミティ　グイグンユ　シュムヌ　(書きしたためてご遺言をするものを)
ウチム　トゥイシジミ　ユミヒラチ　タボリ　(お心を取り静めて読み開いてください)
ウクヤマニ　サチュル　ンジュヌ　ハナグクル　(奥山に咲く伊集《いじゅ》の花心)
ヌヌクトゥン　ウマン　ワラビアティナシニ　(どういうこともない童ごときに)

ウナサキヤ　フカク　ワミニ　カキミショチ（お情けを深くわが身におかけなさって）
ユスミ　マドゥハカティ　フヤワシヌ　グイン（よそ目の間を図って振り合わせのご縁）
アヌユマディ　カキティ　チジル　クトゥヌフヮヤ（あの世までかけて契《ちぎ》ることばは）
ワガ　ンニニ　トゥミティ　ワガ　チムニ　スミティ（わが胸に留めてわが心に銘記して）
ウシュン　カタトゥチン　ワシルマヤ　ネラン（瞬時も片時も忘れる間はなく）
マシウチニ　フィチュイ　ウミチミティ　ウティン（ませ垣の内に一人思い詰めていても）
ジリヌ　シミナワニ　チナガリティ　ウリバ（義理の責め縄に繋《つな》がれておれば）
アキユ　ワガ　チムヤ　ヤミヌ　ユユグトゥニ（ああ、わが心は闇の夜ごとに）
クガリ　トゥビマワル　フタルビヌ　ククル（焦がれ飛びまわる蛍火の心のようです）
ヤガティ　チーハティル　チユヌ　ミドゥヤシガ（やがて消え果てる露の身であるが）
ムジョヌ　ユヌナカニ　ナガライティ　ウティン（無情の世の中に永らえていても）
アサユ　ムヌグトゥニ　チラサ　ウムユイカ（朝夕物事の辛さを思うよりは）
カタトゥチン　アヌユ　イスジブシャ　アシガ（片時もあの世へ急ぎたいが）
クヌユ　ウティ　サトゥガ　タマヌ　ウシガタヤ（この世で里の玉のようなお姿に）
ウガディ　イトゥマグイン　アワリ　ナクナクニ（お会いして暇乞《いとまご》いも、ああ、できないものを）
クヌユ　フリシティティ　イチュル　チワデムヌ（この世を振り捨てて行く間際だもの）
ウブルユヌ　チチヌ　カギヌグトゥヤチュン（〈わが身は〉朧夜《おぼろよ》の月の影のごとくであっても）
ウガミブシャ　チラサ　シジララン　アティドゥ（お会いしたさで辛く耐えがたくとも）

トゥカク　ママナラン　ウチユテイ　トゥムティ（とかくままならない浮世だと思って）
タルン　ウラミユル　クトゥン　マタ　ネラン（誰も恨むこともまたなく）
クヌママニ　チチトゥ　クチハティティヤイ（このまま土と朽ち果てても）
チムヤ　サトゥ　ウスバ　アサユ　ハナリラン（心は里のお側を朝夕離れません）
サトゥガ　イクサチヤ　ナミタタングトゥニ（里の行く末は波風立たないように）
クサヌ　シチャカギニ　ウニゲシチウムヌ（草の下陰で祈っているものを）
ナガライティ　イモリ　ウマチシャビラ（永らえていてください、お待ちしております）

ま　と　め

沖縄では現在「〜する、します」というところを、「〜しよう、しましょう」という形で表現するのが普通である。たとえば、「お先に失礼します」というところを、「もう帰りましょうね」という。また「もう行くね」「もう食べるね」「もう寝るね」などを「もう行こうね」「もう食べようね」「もう寝ようね」などという。琉球方言では、自分がこれからする行為をいうのに「〜しよう」の表現形式をよく用いる。「ナー　ケーライー」（もう帰ろうね。帰るね）、「ナー　イカイー」（もう行こうね。行くね）、「ナー　カマーイー」（もう食べようね。食べるね）、「ナー　ニンライー」（もう寝ようね。寝るね）などという。「ケーラ」（帰ろう）、「イカ」（行こう）、「カマー」（食べよう）、「ニンラ」（寝よう）は、相手にいう場合は普通行動を共にする場合（勧誘）に用いる形である。これを自分がこれからする行動にも用いるのは、相手との一体化、同一視が根底にあるからである。この方言母語の干渉を受けて、使われたのが「もう帰りましょうね(お先に失礼しますの意)」「もう行こうね(行くねの意)」などの表現である。方言を話せない若い世代で「もう行くね」「ご飯食べるね」「もう寝るね」などというと、冷たい感じがしてとてもいえないという。こういう若い世代でも一体化の意識は今もしっかり受け継がれているようである。

また、沖縄の若い世代で、相手を呼ぶのに「さん、君」をつけずに呼び合うのも特徴的である。しかも苗字ではなく名前で呼び合う。「俊夫」「栄臣」「千恵子」「久美子」といった具合である。これを苗字で呼んで「さん」もつけて、「山口さん」「玉那覇さん」などというと、突き放した冷たい感じがして使えないという。「オジー」(お祖父さん)、「オバー」(お祖母さん)に「さん」をつけない意識と同一である。これも方言で「グラー」(五郎)、「サンラー」(三郎)、「チルー」(鶴子)と名前で親しく呼び習わしてきた方言母語の干渉によるものである。

このように、琉球方言の表現を通して、その基底にある相手との一体化志向を汲み取ることができる。一体化志向というのは、無意識的に相手と我を同一視し、我との同一化を図る心の働きである。一体化、同一化はウチ・ソト意識に基づくもので、ソトに対してウチとみなす領域において成り立つ。その同一視・同一化の構成員になることができれば(すなわちウチ社会の構成員になることができれば)、そこはきわめてぬくもりのあるあたたかい社会となる。沖縄が好きで本土から移り住んだ人々、いったん県外に職を求めた若者がいずれは戻ってくるという現象は、そのぬくもり、あたたかさに惹かれてのことと解される。そのぬくもり、あたたかさの故にストレスも比較的少なく、長寿の社会も築いてきたし、周囲の者が支え合って生きてきたので、離婚してもどうにかなるという社会を築いている。

一方一体化志向は、その裏面として同一視・同一化を図れない対象(相手)に対しては無視するか、積極的には異物として排除しかねない危うさも秘めている。その場合は双方ともに居心地の悪い、不幸な状況に置かれる。

このことについて、エドワード・T・ホール(一九七九)ではいみじくも次のように述べている。

同一視の問題で逆説的なのは、それが解決されぬかぎり、いかなる友情も、愛情も生まれえず、憎しみしかありえないということである。他人を他人として受け入れ、同時に、自分自身を自由にするまでは、他の人間を真に愛することは不可能である(二六四頁)。

また、次のようにも述べている(二六六頁)。

おそらく、文化の最も重要な心理的な側面——文化と人格を結ぶかけ橋——は同一視の過程にある。この過程は、ゆっくりした変化には十分に機能するが、一方、われわれが現に体験しているような変化の激しい時代にあっては、破綻の原因となる。その意味で、これが、異文化間の理解を深め、世界の人々の有効な相互関係を導くうえで大きな障害になっていることは間違いない。われわれは今や、「文化を超える」という困難な旅へと乗り出さなくてはならない。なぜなら無意識の文化の束縛から、人間が徐々に自己を開放することこそ、分離のなせる最大の偉業といえるからである。

同一視・一体化志向は、別に沖縄だけの問題ではない。既出エドワード・T・ホール(一九七九)『文化を超えて』にはアメリカをはじめ世界各地での個人・集団間における同一視の問題が取り上げられている。琉球方言という個を通しても普遍がみえてくる事例といえよう。

参考文献

内間直仁　(一九九四)『琉球方言助詞と表現の研究』　武蔵野書院
内間直仁　(二〇〇二)「琉球方言の現況と将来」『国文学解釈と鑑賞』第67巻7号　至文堂

内間直仁・野原三義(編著)（二〇〇六）『沖縄語辞典――那覇方言を中心に――』研究社
エドワード・T・ホール(岩田慶治・谷泰訳)（一九七九）『文化を超えて』ＴＢＳブリタニカ
沖縄古語大辞典編集委員会(編)（一九九五）『沖縄古語大辞典』角川書店
大野晋・佐竹昭広・前田金五郎(編)（一九七四）『岩波古語辞典』岩波書店
久野マリ子（二〇〇五）『日本方言基礎語彙の研究』おうふう
島袋盛敏（一九五六）『琉球芸能全集1　琉球の民謡と舞踊』おきなわ社
中田祝夫(編監修)（一九八三）『古語大辞典』小学館
中本正智（一九七六）『琉球方言音韻の研究』法政大学出版局
平山輝男・大島一郎・中本正智（一九六六）『琉球方言の総合的研究』明治書院
平山輝男・大島一郎・中本正智（一九六七）『琉球先島方言の総合的研究』明治書院
外間守善(校注)（二〇〇〇ａ）『おもろさうし』(上、下)(岩波文庫）岩波書店
外間守善（二〇〇〇ｂ）『沖縄の言葉と歴史』(中公文庫）中央公論社
山口栄臣（二〇〇四）「琉球方言の世代別方言継承実態の研究」『琉球大学言語文化論叢』創刊号　琉球大学言語文化研究会

第二章　代名詞とウチ・ソト意識

一　代名詞

代名詞は、話し手を中心にして、話し手とそれ以外のものがどういう関係にあるかを表すことばである。たとえば、阪倉(一九七四)が述べているように、鈴木という人がいたとする。これを「鈴木」という名詞で表す場合には、この人が話し手の立場にあっても、聞き手の立場にあっても、それ以外の第三者の立場にあっても。すべて同じく「鈴木」という語で表すことができる。一方、この同じ人がまた「わたくし」とか「あなた」とか「かれ」とかいう語で表されることがある。ところが、この場合はだれの立場からでも自由に、これらの語で鈴木さんを表すわけにはいかない。話し手が鈴木さん自身である場合にかぎって、「わたくし」という語で鈴木さんが表され、また、鈴木さんが聞き手である場合にかぎって、別の話し手の立場から、「あなた」という語で鈴木さんが表される。このような表現法は、人を表す場合にかぎったものではない。「本」という語には話し手の立場からの関係の規定はない。ところが、この同じ本が、「これ」「それ」「あれ」などという語で表される場合には、そこにはかならず話し手とのなんらかの関係の認定がなされている。従来この関係は、近称・中称・遠称などのようにいわれてきたが、代名詞の用法を根底から深々と支えているのは、どちらかといえばウチ・ソト意識であると考えられる。すなわち、話し手を中心にして、話し手とそれ以外のものが非固定的、流動的なウチ・ソト意識でとらえられて用いられているのが代名詞ということばであると考えられる。その場合のソトとは話し手の意識が向けられている対象であり、話し手とその対象との間にウチ・ソトの境界が設定されている。琉球方言は、このことを端的にみせてくれる。

二　琉球方言の代名詞とウチ・ソト意識

1　人称代名詞

まず、琉球方言の人称代名詞についてみてみよう。例は沖縄本島北部の本部町瀬底《せそこ》方言である。同方言の人称代名詞には次のようなものがある。

一人称　単数　ワー [wa:]、ワン [waŋ]（私）

　　　　複数　ワッター [watta:]（私たち。聞き手を含まない）

　　　　　　　ア [ʔa]、アガーミ [ʔaga:mi]（私たち。聞き手を含む）

二人称　単数　ツヤー [ʔja:]（君。おまえ。同等以下）

　　　　　　　ナー [na:]、ナン [naŋ]（あなた。敬愛。親《しん》なる目上）

　　　　　　　ウンジュ [ʔunʤu]（あなた。尊敬。疎《そ》なる相手、目上）

複数
　イッター［ʔitta:］(君たち。おまえたち。同等以下)
　ナンター［nanta:］(あなた方。敬愛。親なる目上)
　ウンジュナーター［ʔunʤuna:ta:］(あなた方。尊敬。疎なる相手、目上)

これをみて、まず気づくことは、現代中央語(共通語)に比較して、一人称・二人称の代名詞が少ないことである。現代中央語では、一人称に「わたし、わたくし、あたし、おれ、てまえ、ぼく…」、二人称に「おまえ、君、きさま、あなた、あんた、てめえ…」など比較的多くの語があり、歴史的にもまた多くの語形が入れ替わってきている。これは、中央語の世界では、話し手が他者との位置関係(上下、親疎)に意を用いてきたことのあらわれである。これに対し、琉球方言では、上下関係よりも親疎関係を重視する。他者との関係をウチ・ソト意識でとらえる社会では、話し手にとって他者は単純にウチなる存在か、ソトなる存在かを位置づければよいわけで、よけいな多くの語形を必要としなかったものと解される。

さて、一人称の単数「ワー、ワン」は、奈良時代の一人称代名詞「わ、われ」に、複数「ワッター」は「われたち」に対応する。もう一つの複数語形「ア、アガーミ」は、奈良時代の「あ、あが身」に対応するが、沖縄本島北部の本部半島一帯の方言では、複数の意に用いられている。二人称の「ツヤー」は、奈良時代の「いが」(おまえ。卑称)に対応するという見方もあるが、奄美諸島から宮古・八重山諸島に至る「ウラ［ʔura］」(おまえ)、「ツヤー」(君。おまえ)の分布状況とその用法をみると、「おれ」に琉球方言独特の接尾辞「ア」(者、ものを表す)がついて、「おれ－ア→ウイア→ッヤー」となったものと解した方がよい(中本　一九八三)。あるいは「おのれ→おれ」となった「おれ－ア」の変化したものとも考えられる(内間　一九八四)。

二人称の「ナ、ナン」は、奈良時代の「な、なれ」に対応する。「ウンジュ」は、その語源を「おれの主」とする見方もあるが(中本 一九八三)、またはっきりしない。その複数形は、単数の語形に、ともに複数を表す接尾語「ナー」(たち)、「ター」(たち)がついてできたものである。

2 「ワッター」と「ア、アガーミ」

人称代名詞の用法の中で、もっとも重要なのは「ワッター」と「ア、アガーミ」の用法である。「ア」と「アガーミ」は、「ア」がもっぱら連体修飾の働きをし、「アガーミ」はそれ以外の働きをするという文法上の働きが違うだけで、表す意味は同じく「私たち」である。「ワッター」と「ア、アガーミ」は、双方ともに「私たち」を表しながら、「私たち」の中に聞き手を含めるか否かで違いを示す。「ワッター」は、聞き手を「私たち」の中に含めない(exclusive)のに対し、「ア、アガーミ」は、聞き手を「私たち」の中に含める(inclusive)。共通語の「私ども」と「私たち」にも、前者が聞き手を含めないのに対し、後者は聞き手を含めるという違いがあるといわれている。これは「ども」と「たち」の用法の違いに根差している。「ども」について、『岩波古語辞典』(大野他 一九七四)に「お伴をし従うものの意から転じて、人間の複数を示すのが古い用法。敬意をもって遇しない対象に使う。類義語タチは敬意をもって遇する対象について使う」とある。すなわち、上下意識が基底にあって、「ども」は「敬意をもって遇しない対象に使う」がゆえに、聞き手も含めて「私ども」ということができなかったものと解される。琉球方言の「ワッター」と「ア、アガーミ」には、そういう上下意識はなく、むしろ横の関係、すなわちウチ・ソト意識が基底にあって、それに基づいた用法である。このことについて、以下少し詳しくみてみよう。

まず、聞き手を含めない「ワッター」(私たち)は、二人称複数「イッター」(君たち、おまえたち)などを意識の対象において用いられることばである。「ワッター」は、話し手の意識が聞き手に向けられているとき、話し手側を中心とする領域をウチととらえて、話し手側の複数を指すことばである。それに対する「イッター」は話し手がウチととらえている領域の外側、すなわち聞き手を含むその他の領域をソトととらえ、聞き手側の複数を指すことばである。代名詞における一人称と二人称の対立は、このようなウチ・ソト意識に根差した用法であるとみることができる。これを仮に「①ウチ」対「①ソト」の対立とする。

次に、聞き手を含む「ア、アガーミ」は、仮に一人称に位置づけておいたが、これは一人称・二人称の対立を超えて、話し手(一人称)と聞き手(二人称)が一体化した場面で用いられることばである。「ワッター」(私たち)が「イッター」(君たち。おまえたち)などのソトなる領域と区別して、狭いウチなる領域を形成しているのに対し、「ア、アガーミ」(私たち)は話し手が聞き手と一体化して、より広いウチなる領域を形成し、話し手を中心とするその領域の複数を指すことばとして位置づけることができる。「ア、アガーミ」の中に包含された人々は、相互に親愛の情を抱き、各々が基底において深い絆で結ばれた存在であることを意識する。「ワッター」と「イッター」でウチ・ソトを区別しつつも、さらにそれを超えるものとしてなにかにつけ「ア、アガーミ」をよく使い、一体化の意識を作り、相互の絆を深めているともいえよう。「ア、アガーミ」は、沖縄共同体社会を支える意識の核ともなっている。

では「ア、アガーミ」は、比較的広いとはいえ、ウチなる領域を形成するのであるならば、それに対するソトなる領域はどうなっているのであろうか。ソトと意識される対象があってこそウチなる領域も保てるからである。「ア、アガーミ」がソトと意識する対象は、「ア、アガーミ」に包含されている人々以外の他者である。場面によっては、他グループであったり、他集落であったり、あるいは未知の他者などがソトなるものと想定されている。たとえば、「アガ　ウヤー［ʔaga ʔuja:］」(私たちの親)という表現は、兄弟姉妹にしか使えない。聞き手が兄弟姉妹以外の他人である場合は「ワッター　ウヤー　[watta: ʔuja:]」(私たちの親)という。また、同郷の者に対しては「アガ　シマー　[ʔaga ʃima:]」(私たちの島。私たちの村)というが、同郷でない者に対しては「ワッター　シマー　[watta: ʃima:]」(私たちの島。私たちの村)という。「ア、アガーミ」は、相手と一体化したしみじみとした情愛の場面を醸成する。これを仮に「②ウチ」対「②ソト」の対立とする。

以上のように、瀬底方言の人称代名詞はウチ・ソト意識を反映した体系をなしていて、図示すると表1のようになる。

- 《②ウチ》
  - ア、アガーミ
  - (私たち。inclusive)
  - 《①ウチ・一人称》
    - 単数　ワン(私)
    - 複数　ワッター(私たち。exclusive)
  - 《①ソト・二人称》
    - 単数　ッヤー(君、おまえ)　ナー、ナン(あなた)
    - 複数　ウンジュ(あなた)　イッター(君たち、おまえたち)　ナンター(あなたたち)　ウンジュナー(あなたたち)　ウンジュナーター(あなたたち)
- 《②ソト》
  - ア、アガーミ以外の他者

表　1

首里・那覇方言などは、代名詞としての「ア、アガーミ」という語形はなく、「ワッター」(私たち)だけであるが、その一つの語形で、場面によって聞き手を含めない場合と含める場合の用法がある。ということは、語形はなくても表1のような意識上のカテゴリーは存在することになる。これは、ほとんどの琉球方言にいえることである。

3　琉球方言の代名詞とウチ・ソト意識

指示代名詞も含めて、琉球方言の代名詞をウチ・ソト意識で体系化して示すと、表2のようになる(次頁。例は瀬底方言)。

表2は、国語辞典などでみる代名詞の体系とは違ったものとなっている。しかし、現代中央語の代名詞の用法も基本的にはウチ・ソト意識に根差したもので、同じように体系化される。これについては後で詳しく述べる。

この表で、まず話し手の「ワ、ワン」がウチなる領域で、聞き手の「ッヤー、ナー、ナン」がソトなる領域を形成していることがわかる。この場合は話し手の意識は聞き手へ向けられていて、聞き手を含めたその周辺をソトとして位置づけられているのである。これについては、すでに複数形の「ワッター」と「イッター」の用法を通して述べた。この段階で形成されるウチ・ソト意識を、表2では「①ウチ」対「①ソト」の対立としてある。

次に、コ系・オ系・ア系などの指示代名詞の用法であるが、「フリ、フマ」などのコ系の語は、基本的には話し手を中心とするウチなる領域、すなわち「①ウチ」の領域に所属すると認定したものを指すときに用いられる。それに対して「ウリ、ウマ」などのオ系の語は、聞き手を含めたその周辺のソトなる領域、すなわち「①ソト」の領域に所属すると認定したものを指すときに用いられる。しかしほとんどの場合は、コ系とオ系の語はこのように明確に使い分けられない。語形としては「フリ」と「ウリ」、「フマ」と「ウマ」などのように、コ系とオ系は別々の語形として存在するが、両者ともに「これ」の意にも「それ」の意にも用いられてほとんど区別しない。これは、話し手と聞き手が一体化して「私たち」の意を表す「ア、アガーミ」の影響が大きいだろうと解される。「ア、アガーミ」は、すでに述べたように、話し手と聞き手の間にあるウチ・ソトの境界を取り払い、両者が一

<table>
<tr><td colspan="3" rowspan="2"></td><td rowspan="2">人称代名詞</td><td colspan="4">指示代名詞</td></tr>
<tr><td></td><td>人</td><td>事物</td><td>場所</td></tr>
<tr><td rowspan="3">③ウチ
（既知）</td><td rowspan="2">②ウチ
アガーミ
（私たち）</td><td>①ウチ</td><td>【話し手】
ワー、ワン
（私）</td><td>【コ系】</td><td>フリ
（これ）
（それ）</td><td>フリ
（これ）
（それ）</td><td>フマ
（ここ）
（そこ）</td></tr>
<tr><td>①ソト</td><td>【聞き手】
ッヤー
（君、お前）
ナー、ナン
（あなた）</td><td>【オ系】</td><td>ウリ
（これ）
（それ）</td><td>ウリ
（これ）
（それ）</td><td>ウマ
（ここ）
（そこ）</td></tr>
<tr><td colspan="3">②ソト</td><td>【ア系】</td><td>アリ
（あれ）</td><td>アリ
（あれ）</td><td>アマ
（あそこ）</td></tr>
<tr><td colspan="4">③ソト
（未知）</td><td>【ド系】</td><td>タル
（誰）</td><td>ヌー
（なに）</td><td>ラー
（どこ）
（どれ）</td></tr>
</table>

表　**2**

体化して、より広いウチなる領域を形成する。この「ア、アガーミ」を中心として形成される「②ウチ」の影響で、コ系とオ系の用法上の区別が曖昧化しているものと解される。

そして、「ア、アガーミ」を中心とする「②ウチ」に対しては、「②ソト」が形成される。話し手の意識が「ア、アガーミ」に包含されている人々以外の他者に向けられ、「②ウチ」領域以外の領域が「②ソト」と位置づけられている。ア系の語は、その領域に所属していると認定したものを指すときに用いられる。

さらに話し手の意識が未知なる領域に向けられたとき、既知なる領域は「③ウチ」を形成し、その領域に所属しているものは、それぞれコ系、オ系、ア系によって指される。それに対して未知なる領域は「③ソト」を形成し、ド系の語で指されることになる。

このように琉球方言の代名詞は、非固定的で、流動性を伴ったウチ・ソト意識で用いられているといえる。

ちなみにコ系・オ系・ア系・ド系は、用法では現代中央語の「こ・そ・あ・ど」に相当するが、対応関係では現代中央語の「こ・そ・あ・ど」にそのまま対応するものではない。人、事物を指すコ系の「フリ」(これ)、ア系の「アリ」(あれ)はそれぞれ現代中央語の「これ」、「あれ」に対応するが、場所を指すコ系の「フマ」（ここ）、ア系のアマ（あそこ）はそれぞれ「こま」、「あま」に対応し、「こ」「あ」が場所を表す「ま」に直ちに接する形になっている。これは上代語の「こ」が「ことし」（今年）、「こよい」（今宵）などのように、直ちに体言に接して熟語を構成する用法に似ている。またオ系も現代中央語のソ系にそのまま対応するものではない。人、事物を「ウリ」（これ、それ）は「それ」に対応するものではなく、上代語の「おれ」（二人称）に対応する。場所のウマ（ここ、そこ）は「おま」に対応し、「お」が「ま」（場所）に直ちに接している。現代中央語のソ系に相当するものを琉球方言でオ系とした理由もそこにある。ド系の「タル」（だれ）、「ヌー」（なに）は「たれ」「なに」に対応するが、「ラー」（どこ）は「いどま」に対応する。「いどま」の「いど」は「いづく」の「いづ」と同根で、これに「ま」（場所）が直ちに接する形になっている。

琉球方言では、コ系とオ系の語が明確に使い分けられないで用法上曖昧化しているところから、地域によってはどちらか一方の語形が失われて、〈オ系対ア系〉または〈コ系対ア系〉の対立となっている方言もある。たとえば、沖縄本島の国頭村謝敷《じゃしき》方言は次のようにオ系とア系が対立する構造となっていて、コ系の語は失われている。

【オ系】　　　　　　　　　　【ア系】

ウリ [ʔuri]（これ、それ）　アリ [ʔari]（あれ）

ウマ [ʔuma]（ここ、そこ）　アマ [ʔama]（あそこ）

他に、奄美諸島の沖永良部島の玉城《たまじろ》（「ここ、そこ」は「ツマー」[ʔmaː] となる）、沖縄本島南部の久高島（「ここ、そこ」は「ツンマ」[ʔmma] となる）なども同様である。前出の瀬底方言もコ系の語をほとんど失いかけている。

一方、沖縄本島の国頭村奥・辺野喜《べのき》・佐手《さて》・与那・辺土名《へんとな》の各方言では、オ系がなくなって、コ系とア系が対立する構造となっている。

【コ系】　　　　　　　【ア系】

フリ [ɸuri]（これ、それ）　アリ [ʔari]（あれ）

フマ [ɸuma]（ここ、そこ）　アマ [ʔama]（あそこ）

宮古諸島の平良《ひらら》市狩俣や大神の方言でもコ系はなくなっていて、次のようになっている。

【オ系】　　　　　　　【カ系】

ウリ [uri]（これ、それ）　カリ [kari]（あれ）

ウマ [uma]（ここ、そこ）　カマ [kama]（あそこ）

また、八重山諸島の波照間島や西表島祖納《そない》の方言では、カ系の語が失われて〈コ系対オ系〉の対立となっていて、オ系の語で「それ、あれ」の意を表している。たとえば、祖納方言は次のようになっている。

【コ系】　　　　　　　【オ系】

クリ [ku̥ri]（これ）　ウリ [uri]（それ、あれ）

クヌ [ku̥nu]（この）　ウヌ [unu]（その、あの）

以上のように、現代中央語のコ・ソ・アに相当する琉球方言のコ・オ・ア（またはカ）は、三つの語形を有しながらも、「①ウチ」対「①ソト」の対立は明確でなく、「②ウチ」対「②ソト」の対立で使い分けられている。

三　現代中央語（共通語）の代名詞とウチ・ソト意識

1　これまでの見方

これまでは、コソアドことばは、話し手を中心にして、そこから指されるものが近・中・遠のどの距離にあるかの認定によって使い分けられているとみて、近称・中称・遠称・不定称のようなカテゴリーで体系化されてきた。しかし、この距離説では説明できないような用例も提示され、この見方に対しては早くから疑問がもたれてきた。そこで、距離説に代わって新たにウチ・ソト意識で代名詞の用法を説明しようとする見方が提示されてきたが、平面的・固定的なウチ・ソト意識で説明しようとしたがために、現在に至るまでまだ十分に説明しおおせたとはいえない状態である。とはいえ代名詞の用法の根底にはウチ・ソト意識があるとみる見方は、琉球方言の立場からも支持される妥当な見方である。そこで、その見方に深く関わっている従来の三つの説をまずみることにする。

【三上章】

三上（一九五五）では、コ・ソ・アの用法について、次のように述べている（一七七〜一七八頁）。

相手と話手との原始的な対立の様式が楕円的である。両者は楕円の二つの焦点に立ち、楕円を折半してめいめいの領分として向い合っている。楕円の外側は問題外である。言換えると、ソレ対コレの立場では、アレはまだあらわれない。

目を移すと、二人は差し向いから肩を並べる姿勢に変わって接近する。相手と話手とは「我々」としてぐるになり、楕円は円になる。これは心理的な問題として言っているのだから、二人が依然相当な距離を保って向い合っていても、話題が手もとの事物に無関係になったら楕円は円になる。相手自身は消えることはないが、ソレの領分は没収されてしまう。円内がコレ的で円外がアレ的である。ココカシコ、アチラコチラ、アレかコレか、カレも人なりワレも人なりの内外自他の対立である。（中略）コレ、ソレ、アレは同一平面を同時的に分割するものではない。ソレ対コレとアレ対コレとは異時的であり、異質的である。

これは、代名詞の用法でとても重要な二つのことを指摘している。一つは「ソレ対コレとアレ対コレとは異時的であり、異質的である」という指摘である。言い換えれば、ソレ対コレとアレ対コレは、固定的でなく流動的であるといっていると理解してよい。これは「コレ、ソレ、アレは同一平面を同時的に分割するものではない」といっているところからもうかがえる。二つめは、ココカシコ、アチラコチラなどは「内外自他の対立」という指摘である。ここに、代名詞はウチかソトか、あるいは自分か他者かの対立を反映したものという見方が示されている。これらの指摘はきわめて重要であり、代名詞の用法はその見方に基づいて体系化されなければならない。

【阪倉篤義】

阪倉（一九七四）で、コソアドの用法について述べているところを概略まとめて示すと、次のようになっている。

コ系　話し手が話し手自身を中心とする円周内に含められるものと認定しての表現。

ソ系　話し手が聞き手を中心とする円周内に含められるものと認めての表現。

ア系　話し手と聞き手とを同時に中心とするような大きな円周の中に含まれたものと認めての表現。したがって、指されるものは話し手と聞き手がよく知っているものである。

ド系　話し手・聞き手を中心とする円周内の、どれにも含まれないものを表す。

ここでいう「円周」とは、ウチとソトを分かつ境界と理解してよいであろう。したがって、「話し手を中心とする円周内」というのは、ウチなる領域とみることができる。また「聞き手を中心とする円周内」は、ソトなる領域とみることができる。「話し手と聞き手を同時に中心とするような大きな円周の中」とは、話し手と聞き手が一体化して形成されるより広いウチなる領域と理解される。こうしてみると、この説もウチ・ソト意識に基づく代名詞の用法を説いたものとみられるが、ただここで導き出されているウチ・ソト意識はまだ固定的で、代名詞の用法を説明するには十分とはいえない。

【大野晋】

大野(一九七八)でコソアの用法について述べているところを概略まとめてみると、次のようになる。

コ系　話し手がいるところ、そして話し手が自分のウチとみなすところを指す。

ソ系　すでに知られているもの、「我」と「汝」が共通して知っているものを指す。

ア系　ウチという輪の外のものを指す。

ここでは、明確にウチ・ソト意識で代名詞の用法を説明しようとする見解がみられる。しかし、ソ系がウチなるものを指すのか、ソトなるものを指すのかはっきりしない。「我」と「汝」が共通して知っているものというのは、阪倉説ではア系の用法とみている。「あれ」といっただけで聞き手が理解し、隠語として特殊効果をもつとした阪倉説は否定しえないものがある。

2 ここでのとらえ方

以上の三つの説および琉球方言の用法を踏まえて、ここでは代名詞の用法は非固定的、流動的なウチ・ソト意識に根差したものであるととらえる。そしてコソアドの用法を次のようにとらえる。

コ系 話し手の意識が聞き手に対しているとき、話し手が自分を中心とする心的領域、すなわち「①ウチ」なる領域に含まれると認めたものを指すときに用いられる。

ソ系 「①ウチ」の外側、すなわち聞き手を含むその他の領域を「①ソト」とみて、そこに含まれると認めたものを指すときに用いられる。

ア系 話し手の意識が聞き手以外に対したとき、話し手と聞き手が一体化・合一化し、それを中心とする心的領域、すなわち「②ウチ」なる領域に含まれると認めたものを指すときにはコ系が用いられ、「②ウチ」の外側は「②ソト」とみて、そこに含まれると認めたものを指すときにはア系が用いられる。

ド系 話し手の意識が未知のものに対したとき、既知のもの

<table>
<tr><td colspan="3" rowspan="2"></td><td rowspan="2">人称代名詞</td><td colspan="5">指示代名詞</td></tr>
<tr><td></td><td>人</td><td>事物</td><td>場所</td><td>方向</td></tr>
<tr><td rowspan="3">③ウチ
（既知）</td><td rowspan="2">②ウチ</td><td>①ウチ</td><td>【話し手】
わたくし
ぼく
おれ</td><td>【コ系】</td><td>こいつ
これ</td><td>こいつ
これ</td><td>ここ</td><td>こちら
こっち</td></tr>
<tr><td>①ソト</td><td>【聞き手】
あなた
きみ
おまえ</td><td>【ソ系】</td><td>そいつ
それ</td><td>そいつ
それ</td><td>そこ</td><td>そちら
そっち</td></tr>
<tr><td colspan="3">②ソト</td><td>【ア系】</td><td>あいつ</td><td>あいつ
あれ</td><td>あそこ</td><td>あちら
あっち</td></tr>
<tr><td colspan="4">③ソト
（未知）</td><td>【ド系】</td><td>どいつ</td><td>どいつ
どれ</td><td>どこ</td><td>どちら
どっち</td></tr>
</table>

表 3

は「③ウチ」とみなしてコソアで指し、未知は「③ソト」とみなしてド系で指される。

以上のウチ・ソト意識に基づく現代中央語の体系は、表3のようになる。

3　一人称と二人称の交替

日本語の代名詞の特徴として、一人称と二人称の交替という現象がある。たとえば、奈良時代に「な」という二人称の代名詞がある。

千鳥鳴く佐保《さほ》の河門《かはと》の瀬を広み打橋《うちはし》渡すなが来《く》とおもへば（千鳥が鳴く佐保川の川門は瀬が広いので、打橋を渡しておく。あなたがおいでになると思うので）（万葉集　五二八）

一方、この「な」は一人称の代名詞としても用いられる。

朝髪の思ひ乱れてかくばかりなねが恋ふれそ夢《いめ》にみえける（朝の髪のように思い乱れて、これほどまでにわが愛する人が私を恋い慕っているからか、夢に見えたのだった）（万葉集　七二四）

「わ、われ」は一人称の代名詞であるが、時代を異にして二人称にも用いられている。

筑波嶺の岩もとどろに落つる水世にもたゆらにわが思はなくに（筑波山の岩もとどろかして落ちる水の決して絶えないように、われわれの仲も絶えるようになるとは私は決して思わないのに）（万葉集　三三九二）

これは一人称に用いた例である。しかし、鎌倉時代になると、

わ君はなにものぞ、名のれきかう（おまえは何者だ、名乗れ、聞こう）（平家巻七）

のように二人称に用いられている。「われ」も一人称として、

若鮎《わかゆ》釣る松浦《まつら》の川の川波の並《な》みにし思はばわれ恋ひめやも（若鮎を釣る松浦川の川波ではないが、なみなみ

に思っているのならば、私は何であなたを恋しく思いましょう）（万葉集 八五八）

のように用いられる。これも鎌倉時代になると、

我は京の人か。いづこへおはするぞ（おまえは京の人か。どこへおいでになるのだ）（宇治拾遺物語巻十ノ十）

のように、二人称で用いられている。江戸時代にも、

わいらがゐれば喧《やかま》しい。とっとと行《ゆ》けと睨《ねめ》付くれば（博多小女郎波枕《はかたこじょろうなみまくら》・上）

のように、「おまえら」の意で用いられている。これが現在の大阪方言などで用いられる「ワイラ」（おまえ、おまえら）になっている。

「おれ」は、現在は一人称の代名詞であるが、古くは次の例のように「おまえ」の意味で用いられている。

いが作り仕え奉れる大殿の内には、おれ先ず入りて（おまえが作りお仕えすると申し上げた御殿の中には、まずおまえが入って）（古事記・中・神武）

おれは何事いふぞ（おまえは何を言うか）（宇治拾遺物語巻十ノ一）

ちょうど鎌倉時代あたりが一人称への転用期であったらしく、『宇治拾遺物語』では先の例のように二人称として用いられているが、『古今著聞集』巻十六では「をれが母にて候物こそ、あねよりもよく候へ」（私の母でございますものこそ、姉よりもよくございます）のように、一人称として用いられている。

このような一人称と二人称の転用が起こる理由は、表3の代名詞の体系をみれば、理解できることである。すなわち、話し手と聞き手が一体化・同一化して形成される「②ウチ」では、話し手と聞き手の間にあった境界は取り払われてしまう。「①ウチ対①ソト」の場面では話し手と聞き手を区別しながらも、それを越えて形成される「②ウチ対②ソト」の場面では、その区別を取り払って同一化してしまうことがその転用を可能にせしめてい

るものと解される。女の子が自分を自分の名前で呼び、親が子に対して自分を「お父さん」「お母さん」、姉が妹に対して自分を「お姉ちゃん」などと呼び、あるいは血のつながりのない他人の子供に向かって自分を「おじちゃん」「おばちゃん」などと呼んだりするのも、相手と同一化した、あるいはそれを目指した心理的働きによるものと解される。

4　奈良時代の「あ、あれ」「わ、われ」と琉球方言

琉球方言の「私たち」を意味する代名詞には聞き手を含めない「ワッター」と聞き手を含める「ア、アガーミ」があり、それぞれ奈良時代の「われたち」「あ、あが身」に対応することについてはすでに述べた。奈良時代の一人称代名詞「あ、あれ」は単数である。それが琉球方言ではなぜ聞き手を含める複数の意味になったのかという問題がある。その答えは、奈良時代の、「あ、あれ」「わ、われ」の用法にある。

まず、「あ」と「あれ」の違いであるが、「あ」は「あせ(吾背。わが君)」などのような熟語を形成し、「あが駒(わが馬)」などのような連体修飾の働きをもつのに対し、「あれ」にはそういう働きはなく、ただしそれ以外の働きはすべて「あれ」が担うという違いを示す。たとえば、次の例は単独で主格に用いられた例である。

天地の神をこひつつあれ待たむ早来ませ君待たば苦しも（天地の神に祈りつづけて私は待っていましょう。早く帰ってください、あなた。長くお待ちするのでは苦しゅうございます）（万葉集 三六八二）

「わ」と「われ」の用法も、多少の違いはあるが概していえば、「あ」と「あれ」の用法とほぼ平行的である。すなわち、「わ」は「わが旅」などのように、連体修飾の働きをし、「われ」はそれ以外の働きを担うという違いを示す。

では、「あ、あれ」と「わ、われ」はどう違うであろうか。端的にいうと、「あ、あれ」は時間的には「わ、われ」よりも古く、用法では愛情の切なる場面、相手と心的に一体化・同一化した場面で用いられるといえる。これに対し「わ、われ」は「あ、あれ」よりも新しく、用法では我と相手とを区別する場で用いられるといえる。すなわち「あ、あれ」は「彼我一体・自他同一」、「わ、われ」は「自他弁別」という用法上の区別がある。それを例でみてみよう。

草枕旅の丸寝《まるね》の紐絶えばあが手と付けろこれの針持《はるも》し（草を枕の旅の丸寝をして紐が切れたらば、自分の手でおつけなさい。この針で）（万葉集　四四二〇）

筑波嶺の岩もとどろに落つる水世にもたゆらにわが思はなくに（筑波山の岩もとどろかして落ちる水の決して絶えないように、われわれの仲も絶えるようになるとは私は決して思わないのに）（万葉集　三三九二）

四四二〇番の歌では「あが手」という表現に着目する必要がある。「あが手」は、「あ」が一人称の代名詞であるならば、「私の手」となるはずである。しかし、そうなると、この歌の意味がわからなくなる。この歌は、夫の旅立ちに際して妻が夫へ贈ったものである。留守をあずかる妻が「私の手でおつけください」というのはおかしいということになる。ここはやはり「自分の手」と解さざるをえない。「自分」ということばは、我と相手とを明確に区別せず、場面によって一人称にもなりまた二人称にもなることばである。この歌は、紐が切れたらば、普段は妻の私がつけてあげるものを、旅の上でのことだから、自分でおつけなさいという意で、ここでの「あが手」は旅立つ夫の手の意にだけとるのではなく、妻と夫が一体化した接点としての手、つまり「自分の手」と訳さざるをえないものである。このように「あ、あれ」は、愛情の切なる場面、相手と心的に一体化した場面で用いられる。

三三九二番の歌の「わが思はなくに」の部分は「私は決して思わないのに（あなたは心配なさる）」と解されるので、自他弁別の意が読み取れる。

以上のように「あ、あれ」は「彼我一体・自他同一」、「わ、われ」は「自他弁別」の用法が脈々と底流をなして、現在の琉球方言の聞き手を含む「ア、アガーミ」、聞き手を含まない「ワッター」へと受け継がれてきたものと解される。

5　「自分」「人」

奈良時代の「あ、あれ」の用法で「自分」ということばに触れたが、それについてもう少し考えてみたい。現代中央語の「自分」ということばは、文脈・場面によって人称代名詞的に用いられて、場面によっては話し手であったり、あるいは聞き手であったりする。たとえば、「自分でやったことだから、仕方ない」といえば、具体的には話し手を指している場合が多い。また「自分のことは自分でやれ」といえば、たいてい聞き手を指している。このように「自分」は具体的な場面で話し手であったり聞き手であったりするところに特徴がある。

以上のように「自分」ということばは、一人称・二人称の枠を超えたところにあって、具体的文脈または場面によって、話し手あるいは聞き手のどちらかを指しうる性格をもつことばといえよう。これは一人称と二人称を明確に区別しない意識のあらわれであり、一人称と二人称の相互の転用もその意識に支えられたものと解される。「人」ということばも人称代名詞的に用いられる。その用法は大部分「自分」と共通するが、また違う側面もある。共通するところは、文脈や場面によって話し手を指したり聞き手を指したりすることである。たとえば「ことごとに人をあてにするな」といえば、具体的には話し手を指している場合が多い。また「君の上司はよく人をこきつからね」といえば、聞き手を指している場合が多い。ただし、「人」の用法には「自分」と違う面もある。身近な友人などウチなる相手が他者からからかわれて被害や迷惑を受けたりなどしたとき、「あいつ、人を馬鹿にしているね」「あいつ、人をなめているね」とはいっても、「あいつ、自分を馬鹿にしているね」「あいつ、あなたを馬鹿にしているね」などとは決していわない。この場合の「人」は聞き手を含めた「私たち」を指している。この点が「自分」の用法とは違う。「自分」は具体的場面では話し手か聞き手のどちらかを指していて曖昧性がない。

参考文献

内間直仁（一九八四）『琉球方言文法の研究』笠間書院

大野　晋（一九七八）『日本語の文法を考える』（岩波新書）岩波書店

大野　晋・佐竹昭広・前田金五郎（編）（一九七四）『岩波古語辞典』岩波書店

阪倉篤義（一九七四）『改稿日本文法の話』教育出版

島袋盛敏・翁長敏郎（一九六四）『標音評釈　琉歌全集』武蔵野書院

高木市之助・五味智英・大野　晋（校注）（一九五七、一九五九、一九六〇、一九六二）『萬葉集一、二、三、四』（日本古典文学大系）岩波書店

中本正智（一九八三）『琉球語彙史の研究』三一書房

三上　章（一九五五）『現代語法新説』刀江書店（後一九七二年に「くろしお出版」より刊行）

第三章　助詞ガ(が)、ヌ(の)とウチ・ソト意識

はじめに

現代琉球方言では主格や連体修飾の助詞として「ガ」(が)と「ヌ」(の)が用いられている。これらは現代中央語の「が」「の」に対応するが、その用法は現代共通語の「が」と「の」の用法と著しく違う。

琉球方言の助詞ガとヌは、基本的にはウチ・ソト意識をもとに用いられている。ウチとソトの境界は、意識の向けられる対象と主体との間に形成される。意識された対象は他者化され、客観化されてソトなるものとして位置づけられる。意識の向けられる対象によってはウチなる領域は狭くもなり広くもなる。ガとヌの用法の根底にあるのはこのウチ・ソト意識だが、その用法は地域によってはすでに変化の過程にある。そのことを琉球方言の実態で示しつつ、さらに琉球方言の用法からみた場合、中央語も含めて助詞「が」「の」の用法の変遷はどうとらえられるかについても述べてみたい。

一　琉球方言のガとヌの用法とウチ・ソト意識

以下、琉球方言のガとヌの用法についてみてゆく。

1　奄美方言

奄美方言におけるガとヌには、ともに主格用法と連体修飾用法とがある。主格用法とは、概略的にいうならば、用言にかかって用言の表す動作・作用の主体または性質・状態などの属性の持ち主を示す用法のことであり、連体修飾とは体言と体言を結びつけて、かかる体言の意味を個別化、具体化する用法のことである。ガとヌには、ともに主格用法と連体修飾用法が認められるが、その承ける形式において両助詞は違いを示す。以下、奄美方言の中から徳之島亀津《かめつ》方言のガとヌを取り上げ、主格と連体修飾の用法別に、その承ける体言を中心にみてゆく。

徳之島亀津方言

(1)　主格用法

ガとヌにはともに主格を表示する働きがある。しかしその承ける体言に違いがある。

(A)　ガの承ける形式

次のような身近にとらえた対象、ウチなるものととらえた対象を承ける。

・人称代名詞

ワガ　イキュイ［waga ʔikjui］（私が行く）

ッヤーガ　ワサイ［ʔja:ga wasai］（君が悪い）

・指示代名詞(目下、事物)

クリガ　イキュイヨー［kuriga ʔikjuijo:］（これが行くよ）

クリガ　ナゲゥーイ［kuriga nagë:i］（これが長い）

・人名

ハナコガ　キュイ［hanakoga kjui］（花子が来る）

・親族呼称

ジゥーガ　ンチゥ　ッモルイ［dzï:ga ntsï ʔmorui］（お祖父さんが見ておられる）

アンガ　アビゥトゥイ［ʔaŋga ʔabiïtui］（お祖母さんが呼んでいる）

（B）　ヌの承ける形式

次のような客観的にとらえた対象、ソトなるものととらえた対象を承ける。

・親族名称および人を表す語

ウットゥヌ　ッキバトゥイ［ʔuttunu kʔibatui］（弟が働いている）

ッチューヌ　ウイ［tʃʔu:nu ʔui］（人がいる）

・指示代名詞(場所)

クマヌ　シダーイ［kumanu ʃida:i］（ここが涼しい）

アマヌ　トーハン［ʔamanu to:haŋ］（あそこが遠い）

・その他対象一般(普通名詞など)

キゥーヌ　カリルイ［kiïnu kariruɪ］（木が枯れる）

カディヌ　フキューイ［kadinu ɸukjuːi］（風が吹く）

以上主格用法におけるガとヌの承ける形式を簡潔に表示すると、表1のようになる。「身近にとらえた対象」とは、すなわち「ウチなるものととらえた対象」であり、「客観的にとらえた対象」とは「ソトなるものととらえた対象」のことである。

身近にとらえた対象（ウチなるもの） 〈人称代名詞〉 〈指示代名詞（目下、事物）〉 〈人名〉 〈親族呼称〉	ガ
客観的にとらえた対象（ソトなるもの） 〈親族名称および人を表す語〉 〈指示代名詞（場所）〉 〈その他対象一般（普通名詞など）〉	ヌ

表　**1**
亀津方言の主格用法

（2）　連体修飾用法

ガとヌにはともに連体修飾する働きもある。しかしその承ける体言に違いがある。

（A）　ガの承ける形式

次のような身近にとらえた対象、ウチなるものととらえた対象を承ける。

・人称代名詞

ワガ　ムン［waga muŋ］（私のもの）

ウイガ　ムン　[ʔuiga muŋ]（あなたのもの）

ただし、ガを介さずに直ちに体言に接する場合もある。

ウイ　ムン　[ʔui muŋ]（あなたのもの）

・指示代名詞（目下、事物）

クンガ　ムン　[kuŋga muŋ]（これのもの）

クンガ　フタ　[kuŋga ɸuta]（これの蓋）

・人名

ハナコガ　ムン　[hanakoga muŋ]（花子のもの）

・親族呼称

ジゥーガ　ムン　[dzïːga muŋ]（お祖父さんのもの）

アンガ　ムン　[ʔaŋga muŋ]（お祖母さんのもの）

（B）　ヌの承ける形式

次のような客観的にとらえた対象、ソトなるものととらえた対象を承ける。

・親族名称および人を表す語

ウットゥヌ　ムン　[ʔuttunu muŋ]（弟のもの）

ッチューヌ　ムン　[ʧˀuːnu muŋ]（人のもの）

・指示代名詞（場所）

クマヌ　ッチュ　[kumanu ʧˀu]（ここの人）

アマヌ ッチュ [ʔamanu ʧˀu]（あそこの人）

・その他対象一般（普通名詞など）

キゥーヌ イィダ [kïːnu jida]（木の枝）

カディヌ ウトゥ [kadinu ʔutu]（風の音）

以上連体修飾用法におけるガとヌの承ける形式を簡潔に表すと、表2のようになる。これは主格用法における場合とほとんど同じである。なお、沖永良部島方言のガとヌも、ほぼ同様の用法を示す（内間 一九九〇）。

身近にとらえた対象（ウチなるもの） 〈人称代名詞〉 〈指示代名詞（目下、事物）〉 〈人名〉 〈親族呼称〉	ガ
客観的にとらえた対象（ソトなるもの） 〈親族名称および人を表す語〉 〈指示代名詞（場所）〉 〈その他対象一般（普通名詞など）〉	ヌ

表 **2**
亀津方言の連体修飾用法

2 沖縄方言

沖縄方言におけるガとヌにも、ともに主格用法と連体修飾用法とがあり、奄美方言と同様、承ける形式に違いがあらわれている。以下、沖縄北部方言に属する本部町瀬底《せそこ》方言と沖縄南部方言に属する那覇方言を取り上げる。那覇方言は那覇市前島方言である（内間 一九九六）。

本部町瀬底方言

（1）主格用法

（A）ガの承ける形式

次のような身近にとらえた対象、ウチなるものととらえた対象を承ける。

・人称代名詞

ワンガ| ハクン［waŋga hakuŋ］（私が書く）

ッヤーガ| イクンナー［ʔja:ga ʔikunna:］（君が行くか）

・指示代名詞(目下、事物)

フリガ| スーサ［ɸuriga su:sa］（これがするよ）

フリガ| ナガシェーン［ɸuriga nagaʃe:ŋ］（これが長い）

・人名

ハナコガ| クーン［hanakoga ku:ŋ］（花子が来る）

グラーガ| ハタミーン［gura:ga hatami:ŋ］（五郎が担ぐ）

・親族呼称

スンメーガ| ミンシェーン［summe:ga minʃe:ŋ］（お祖父さんが見ておられる）

ブッパーガ| スクインシェーン［buppa:ga sukuinʃe:ŋ］（お祖母さんがお作りになる）

（B）ヌの承ける形式

次のような客観的にとらえた対象、ソトなるものととらえた対象を承ける。

・親族名称および人を表す語

ウットゥヌ　ナラースン　[ʔuttunu naraːsuŋ]（弟が教える）

チューヌ　ウイン　[tʃuːnu uiŋ]（人がいる）

・指示代名詞（場所）

フマヌ　シラシェーン　[ɸumanu ʃiraʃeːŋ]（ここが涼しい）

アマヌ　ヨーシェーン　[ʔamanu joːʃeːŋ]（あそこが弱い）

・その他対象一般（普通名詞など）

キーヌ　ハリユン　[kiːnu harijuŋ]（木が枯れる）

ハジヌ　フクン　[hadʒinu ɸukuŋ]（風が吹く）

以上瀬底方言における主格用法の結果をまとめて示すと、表3のようになる。これは奄美方言の場合とほぼ同じである。

身近にとらえた対象（ウチなるもの） 〈人称代名詞〉 〈指示代名詞（目下、事物）〉 〈人名〉 〈親族呼称〉	ガ
客観的にとらえた対象（ソトなるもの） 〈親族名称および人を表す語〉 〈指示代名詞（場所）〉 〈その他対象一般（普通名詞など）〉	ヌ

表　**3**
瀬底方言の主格用法

（２）　連体修飾用法

（Ａ）　ガの承ける形式

次のような身近にとらえた対象、ウチなるものととらえた対象を承ける。

・人称代名詞

ほとんどはガを介さずに直ちに体言に接する。

ウンジュガ| シグートゥ［ʔunʤuga ʃigu:tu］（あなたの仕事）

ワー　ムン［wa: muŋ］（私のもの）

ッヤー　ムン［ʔja: muŋ］（君のもの）

・指示代名詞(目下、事物)

フリガ| ムン［ɸuriga muŋ］（これのもの）

フリガ| ユラ［ɸuriga jura］（これの枝）

・人名

ハナコガ| ウットゥ［hanakoga ʔuttu］（花子の弟）

グラーガ| クヮー［gura:ga kwa:］（五郎の子）

・親族呼称

スンメーガ| シグートゥ［summe:ga ʃigu:tu］（お祖父さんの仕事）

ブッパーガ| キン［buppa:ga kiŋ］（お祖母さんの着物）

・数詞の一部

タイガ ムン [taiga muŋ]（二人のもの）

ミーチガ ウイ [miːʧiga ʔui]（三歳の年上）

（B） ヌの承ける形式

次のような客観的にとらえた対象、ソトなるものととらえた対象を承ける。

・親族名称および人を表す語

ウットゥヌ チラー [ʔuttunu ʧiraː]（弟の顔）

チューヌ ムン [ʧuːnu muŋ]（人のもの）

・指示代名詞（場所）

フマヌ チュー [ɸumanu ʧuː]（ここの人）

アマヌ クヮー [ʔamanu kwaː]（あそこの子）

・その他対象一般（普通名詞など）

キーヌ スラ [kiːnu sura]（木の梢）

ハジヌ ミチ [haʤinu miʧi]（風の通り道）

以上瀬底方言における連体修飾用法の結果をまとめて示すと、表4のようになる。連体修飾用法も奄美方言とほぼ同じになっているが、数詞の一部が身近にとらえた対象になっているところが多少違う。

身近にとらえた対象(ウチなるもの) 〈人称代名詞〉 〈指示代名詞(目下、事物)〉 〈人名〉 〈親族呼称〉 〈数詞の一部〉	ガ
客観的にとらえた対象(ソトなるもの) 〈親族名称および人を表す語〉 〈指示代名詞(場所)〉 〈その他対象一般(普通名詞など)〉	ヌ

表　**4**
瀬底方言の連体修飾用法

那覇市前島方言

(1)　主格用法

(A)　ガの承ける形式

次のような身近にとらえた対象、ウチなるものととらえた対象を承ける。

・人称代名詞

ワーガ　イチュン　[waːga ʔiʧun]（私が行く）

ウンジュガ　イチャビーミ　[ʔunʤuga ʔiʧabiːmi]（あなたが行かれますか）

・指示代名詞(目下)

クリガ　イチュサ　[kuriga ʔiʧusa]（これが行くよ）

アリガ　ソーティイチュサ　[ʔariga soːtiʔiʧusa]（あれがつれて行くよ）

・人名

クーミガ　チューン　[kuːmiːga tʃuːŋ]（久美子が来る）

アマンカイ　ターカーガ　ウン　[ʔamaŋkai taːkaːga uŋ]（あそこに貴也がいる）

・親族呼称

タンメーガ　ンーチョーン　[tammeːga nːtʃoːŋ]（お祖父さんが見ておられる）

ンメーガ　ユドーン　[ʔmmeːga judoːŋ]（お祖母さんが呼んでいる）

（B）　ヌとガ両方で承ける形式（以下これをヌ〔ガ〕の形で示す）

次のような客観的にとらえた対象、ソトなるものととらえた対象を承ける。

・親族名称および人を表す語

ウットゥヌ〔ガ〕　ナラースン　[ʔuttunu〔ga〕naraːsuŋ]（弟が教える）

ヤーヤ　ジナンヌ〔ガ〕　ンージュン　[jaːja ʤinannu〔ga〕nːʤuŋ]（家は次男がみる）

ッチュヌ〔ガ〕　ウン　[ttʃunu〔ga〕uŋ]（人がいる）

アマンカイ　イィキガヌ〔ガ〕　ウン　[ʔamaŋkai jikiganu〔ga〕uŋ]（あそこに男がいる）

・指示代名詞（場所）

ウリヌ〔ガ〕　ネーン　ナイネー　ナラン　[ʔurinu〔ga〕neːn naineː naraŋ]（これがなくなるといけない）

クリヤカ　アリヌ〔ガ〕ル　マシ　[kurijaka ʔarinu〔ga〕ru maʃi]（これよりあれがよい）

アマヤカ　クマヌ　ヒルサン　[ʔamajaka kumanu çirusaŋ]（あそこよりここが広い）

クマガ　シラサン　[kumaga ʃirasaŋ]（ここが涼しい）

・その他対象一般（普通名詞など）

キーヌ〔ガ〕 カリトーン [kiːnu〔ga〕 karitoːŋ]（木が枯れている）

カジヌ〔ガ〕 フチュン [kaʤinu〔ga〕 ɸuʧuŋ]（風が吹く）

アミヌ フイン [ʔaminu ɸuiŋ]（雨が降る）

シナムンヌ ヤッサン [ʃinamunnu jassaŋ]（品物が安い）

以上那覇方言における主格用法の結果をまとめて示すと、表5のようになる。

身近にとらえた対象（ウチなるもの） 〈人称代名詞〉 〈指示代名詞（目下）〉 〈人名〉 〈親族呼称〉	ガ
客観的にとらえた対象（ソトなるもの） 〈親族名称および人を表す語〉 〈指示代名詞（事物、場所）〉 〈その他対象一般（普通名詞など）〉	ヌ

表　**5**
那覇方言の主格用法

これを瀬底方言などと比較すると、主格用法ではガがヌの領域まで深く入り込んでいることがわかる。もとヌで承けていたものが、そのままヌの形であらわれるものもあるが、語によってはガに置き換わっているものもあり、変化の過渡期の様相をみせている。

（2）　連体修飾用法

（A）　ガとヌ両方で承ける形式

次のような身近にとらえた対象、ウチなるものととらえた対象を承ける。

・人称代名詞

ウンジュガ〔ヌ〕 ムン [ʔunʤuga〔nu〕muŋ]（あなたのもの）

ほとんどは直ちに体言に接する。

ワー ムン [wa: muŋ]（私のもの）

ワン タマシ [wan tamaʃi]（私の取り分）

ッヤー ムン [ʔja: muŋ]（君のもの）

・指示代名詞（目下、事物）

ウリガ〔ヌ〕 ムンヤサ [ʔuriga〔nu〕muŋjasa]（これのものだよ。人）

アリガ〔ヌ〕 ナーカ [ʔariga〔nu〕na:ka]（あれの中）

・人名

チルチャンガ〔ヌ〕 チン [ʧiruʧanga〔nu〕ʧiŋ]（鶴子さんの着物）

クーミーガ〔ヌ〕 チン [ku:mi:ga〔nu〕ʧiŋ]（久美子の着物）

・親族呼称の一部

クリヤ ッンメーガ〔ヌ〕 ムン [kurija ʔmme:ga〔nu〕muŋ]（これはお祖母さんのもの）

クリヤ ヤッチーガ〔ヌ〕 ムン [kurija jatʧi:ga〔nu〕muŋ]（これは兄さんのもの）

・数詞の一部

タイガ〔ヌ〕 ナーカ [taiga〔nu〕na:ka]（二人の仲）

ターチガ〔ヌ〕 ウットゥ [taːʧiga〔nu〕ʔuttu]（二歳の年下）

（B） ヌの承ける形式

次のような客観的にとらえた対象、ソトなるものととらえた対象を承ける。

・親族呼称の一部

クリヤ タンメーヌ ムン [kurija tammeːnu muŋ]（これはお祖父さんのもの）

アリヤ スーヌ ムン [ʔarija suːnu muŋ]（あれはお父さんのもの）

・親族名称および人を表す語

クレー ウットゥヌ ムン [kureː ʔuttunu muŋ]（これは弟のもの）

クレー ッチュヌ ムン [kureː ʧʧunu muŋ]（これは人のもの）

・指示代名詞(場所)

クマヌ ッチュ [kumanu ʧʧu]（ここの人）

ンマヌ ッチュ [ʔmmanu ʧʧu]（そこの人）

アマヌ ッチュ [ʔamanu ʧʧu]（あそこの人）

・その他対象一般(普通名詞など)

キーヌ ニー [kiːnu niː]（木の根）

カジヌ ウトゥ [kaʤinu ʔutu]（風の音）

以上那覇方言おける連体修飾用法の結果をまとめて示すと、表6のようになる。

ガ	身近にとらえた対象（ウチなるもの） 〈人称代名詞〉 〈指示代名詞（目下、事物）〉 〈人名〉 〈親族呼称の一部〉 〈数詞の一部〉
ヌ	客観的にとらえた対象（ソトなるもの） 〈親族呼称の一部〉 〈親族名称および人を表す語〉 〈指示代名詞（場所）〉 〈その他対象一般（普通名詞など）〉

表 **6**
那覇方言の連体修飾用法

連体修飾用法では、主格用法とは反対にヌがガの領域まで深く入り込んでいることがわかる。もとガで承けていたものが、ヌに置き換わっていることが見て取れる。

那覇方言のガとヌの用法をみると、奄美徳之島方言や沖縄北部瀬底方言などとはいくぶん異なっていることがわかる。たとえば主格用法においても連体修飾用法においても、ガとヌは基本的にはその承ける形式を区別している。その点では那覇方言も徳之島や瀬底などと同じである。しかし那覇方言の場合、主格用法ではガがヌの領域まで進出し、連体修飾用法ではヌがガの領域まで進出している。その点では徳之島や瀬底とは多少違う。これは那覇方言のガとヌの用法が大きく変化しつつあることを示している。すなわち現代共通語と同様、主格用法はガ、連体修飾用法はヌがそれぞれ担うという方向へ変化しつつあるものと解される。事物を指す指示代名詞が、主格用法では客観的にとらえた対象（ソトなるもの）、連体修飾用法では身近にとらえた対象（ウチなるもの）と位置づけられたり、あるいは連体修飾用法では親族呼称がウチとソトに分かれたりするのも、変化の過渡期にある混乱といえよう。

3　宮古方言

宮古方言におけるガとヌにも、ともに主格用法と連体修飾用法とがある。そして奄美方言や沖縄北部方言と同様、承ける形式で違いを示す。以下、宮古方言に属する伊良部島の伊良部町長浜方言のガとヌの用法について示す(内間 二〇〇八 参照)。

伊良部町長浜方言

(1) 主格用法

(A) ガの承ける形式

次のような身近にとらえた対象、ウチなるものととらえた対象を承ける。

・人称代名詞

バガ イカディ [baga ikadi] (私が行こう)

ッヴァガ ンミャディル [vvaga mmjadiru] (あなたが行かれますか)

・指示代名詞(目下、事物、人を指す不定称の代名詞)

クイガ イフン [kuiga ifuŋ] (これが行く。目下)

カイガドゥ ユン [kaigadu juŋ] (あれが読む。目下。※ガドゥのドゥは古代中央語の係助詞「ぞ」に対応する係助詞)

クイガドゥ ナガカル [kuigadu nagakal] (これが長い。事物)

ターガガ　カフ　[ta:gaga kafu]（誰が書くのか。不定称。※ガガのうしろのガは古代中央語の係助詞「か」に対応する係助詞）

・人名

ハナコガドゥ　フー　[hanakogadu fu:]（花子が来る）

ゴローガ　チゥフー　[goro:ga tsïfu:]（五郎が作る）

・親族呼称

シューガ　ミーウル　[ʃu:ga mi:ul]（お祖父さんが見ている）

アンナガ　カイドゥフー　[annaga kaidufu:]（お母さんが買ってくる）

（B）　ヌの承ける形式

次のような客観的にとらえた対象、ソトなるものととらえた対象を承ける。

・親族名称および人を表す語

ウットゥヌドゥ　パタラキウル　[uttunudu patarakiul]（弟が働いている）

ピゥトゥンヌドゥ　ウル　[pïtunnudu ul]（人がいる）

・指示代名詞（場所）

クマヌドゥ　ヤム　[kumanudu jamu]（ここが痛い）

カマヌドゥ　トゥーサカル　[kamanudu tu:sakal]（あそこが遠い）

・その他対象一般（普通名詞など）

キーヌ　サリウル　[ki:nu sariul]（木が枯れている）

カジヌドゥ　フキーウル　[kaʤinudu fukiːul]（風が吹いている）

以上、長浜方言における主格用法の結果をまとめて示すと、表7のようになる。これは奄美や沖縄北部の方言の場合とほぼ同じである。

身近にとらえた対象（ウチなるもの） 〈人称代名詞〉 〈指示代名詞（目下、事物、人を指す不定称）〉 〈人名〉 〈親族呼称〉	ガ
客観的にとらえた対象（ソトなるもの） 〈親族名称および人を表す語〉 〈指示代名詞（場所）〉 〈その他対象一般（普通名詞など）〉	ヌ

表　**7**
長浜方言の主格用法

（2）　連体修飾用法

（A）　ガの承ける形式

次のような身近にとらえた対象、ウチなるものととらえた対象を承ける。

・人称代名詞

バガ　ムヌ　[baga munu]（私のもの）

クリャー　ッヴァガ　ムヌ　[kurjaː vvaga munu]（これは君のもの）

・指示代名詞（目下、事物）

クイガ　ウヤ　[kuiga uja]（これの親。目下）

クイガ ユダ [kuiga juda]（これの枝。事物）

・人名

ハナコガ ッファー [hanakoga ffa:]（花子の子）

トシオガ パイ [toʃioga pai]（敏夫の畑）

・親族呼称

シューガ グシャン [ʃu:ga guʃaŋ]（お祖父さんの杖）

アンナガ ウットゥ [annaga uttu]（お母さんの妹）

（B） ヌの承ける形式

次のような客観的にとらえた対象、ソトなるものととらえた対象を承ける。

・人名の一部

アヤコヌ シゥグトゥ [ajakonu sïgutu]（綾子の仕事）

・親族名称および人を表す語

ウットゥヌ パジゥ [uttunu padzï]（弟の足）

ピゥトゥヌ パナシゥ [pïtunu panasï]（人の話）

・指示代名詞（場所、事物を指す不定称の代名詞）

クマヌ ピゥトゥ [kumanu pïtu]（ここの人）

カマヌ ピゥトゥ [kamanu pïtu]（あそこの人）

ナウヌ フタガガライ [naunu futagagarai]（何の蓋かね）

・その他対象一般（普通名詞など）

イムヌ　ムナグ [immu mnagu]（海の砂）

カジヌ　ナラ [kaʤinu nara]（風の音）

以上、長浜方言における連体修飾用法の結果をまとめて示すと、表8のようになる。これも奄美や沖縄北部の方言の場合とほぼ同じである。

身近にとらえた対象（ウチなるもの） 〈人称代名詞〉 〈指示代名詞（目下、事物）〉 〈人名〉 〈親族呼称〉	ガ
客観的にとらえた対象（ソトなるもの） 〈人名の一部〉 〈親族名称および人を表す語〉 〈指示代名詞（場所、事物を指す不定称）〉 〈その他対象一般（普通名詞など）〉	ヌ

表　**8**
長浜方言の連体修飾用法

ただ、同じ不定称の代名詞でも、人を指す不定称は主格用法ではガで承けられ、事物を指す不定称は連体修飾ではヌで承けられるという現象もみられる。また連体修飾では、人名がガとヌ両方で承けられている。これらはガとヌの用法が少しずつ変化していることを示すものであろう。下地町来間《くりま》方言もほぼ同様の用法を示す（内間二〇〇八）。

4　八重山方言

八重山方言では、主格および連体修飾の助詞としては、ヌのみが用いられており、ガはほとんど用いられていない。それについて以下石垣方言で概略をみることにする。

石垣方言

（1）　主格用法

主格助詞としてガはほとんど用いられず、ヌが用いられる。ヌはドゥと結合してヌドゥまたはンドゥの形でも用いられる。なおドゥはは古代中央語の係助詞「ぞ」に対応する係助詞である。

・人称代名詞

人称代名詞は助詞なしで主格に立つ。

バー　パルン［ba: paruŋ］（私が行く）

ワー　パリ［wa: pari］（君が行け）

・指示代名詞（目下、事物）

クリヌドゥ　パル［kurinudu paru ］（これが行く。目下）

クリヌドゥ　ナーサリゥ［kurinudu na:sarï］（これが長い。事物）

・人名

ハナコヌドゥ　キゥー［hanakonudu kï:］（花子が来る）

ゴローヌドゥ　ツクル［goro:nudu tsukuru］（五郎が作る）

・親族呼称

ウシュマイヌドゥ　ミヨール　[uʃumainudu mijoːru]（お祖父さんが見ておられる）

ンメーヌ　ヤラビョーリン　[mmeːnu jarabjoːriŋ]（お祖母さんが呼んでおられる）

・親族名称および人を表す語

ウトゥドゥヌドゥ　ハタラギリゥ　[utudunudu hataragirï]（弟が働いている）

ピゥトゥヌ　ウン　[pïtunu uŋ]（人がいる）

・指示代名詞(場所)

クマヌドゥ　ヤム　[kumanudu jamu]（ここが痛い）

カマヌドゥ　トゥーサーリゥ　[kamanudu tuːsaːrï]（あそこが遠い）

・その他対象一般(普通名詞など)

アーミヌドゥ　フイリゥ　[aːminudu ɸuirï]（雨が降っている）

カジヌドゥ　フキリゥ　[kaʤinudu ɸukirï]（風が吹いている）

以上のように、石垣方言では主格助詞としてはヌのみがあらわれ、ガは見出しえない。

（2）　連体修飾用法

すでに述べたように、連体助詞もヌを用い、ガは見出しえない。

・人称代名詞

助詞なしで、直ちに体言に接する。

バー　ムヌ　[baː munu]（私のもの）

ワー ムヌ [wa: munu]（あなたのもの）

・指示代名詞(目下、事物)

カリヌ ムヌ [karinu munu]（あれのもの。目下）

クリヌ ユダ [kuinu juda]（これの枝。事物）

・人名

ハナコヌ ムヌ [hanakonu munu]（花子のもの）

ゴローヌ フヮー [goro:nu ɸa:]（五郎の子）

・親族呼称

ウシュマイヌ ムヌ [uʃumainu munu]（お祖父さんのもの）

・親族名称および人を表す語

ウトゥドゥヌ ムヌ [utudunu munu]（弟のもの）

ピゥトゥヌ ムヌ [pïtunu munu]（人のもの）

・指示代名詞(場所)

クマヌ マーリゥ [kumanu ma:rï]（ここのまわり）

カマヌ マーリゥ [kamanu ma:rï]（あそこのまわり）

・その他対象一般(普通名詞など)

キーヌ ユダ [ki:nu juda]（木の枝）

ウビヌ サキゥ [ubinu sakï]（指の先）

このように、石垣方言では主格、連体修飾ともに助詞はヌを用い、ガは見出しえない。波照間方言、黒島方言もほぼ同様の用法を示す(内間 二〇〇八)。

5　与那国方言

与那国方言ではカ゚とヌが用いられている。主格用法にはカ゚が用いられ、連体修飾用法にはカ゚とヌが用いられている。そして宮古方言同様、連体修飾用法のカ゚とヌは承ける形式で違いを示す。以下、与那国祖納《そない》方言でのカ゚とヌの用法について示す。

祖納方言

(1)　主格用法

主格用法はカ゚を用い、ヌを用いた用例は見出せない。

・人称代名詞

アカ゚ ヒルン [ʔaŋa çiruŋ] (私が行く)

ンダカ゚ ワールンナ [ndaŋa waːrunna] (あなたが行かれますか)

・指示代名詞(目下、事物)

クカ゚ドゥ ヒルドゥ [kuŋadu çirudu] (これが行くよ。目下)

カリカ゚ スイヒルンド [kariŋa suiçirundo] (あれが連れて行くよ。目下)

ウカ゚ ナーサンスヤー [ʔuŋa naːsansujaː] (これが長い。事物)

・人名

ハナコガ゚ クンド［hanakoŋa kundo］（花子が来る）
ゴローガ゚ ックルン［goroːŋa kˀuruŋ］（五郎が作る）

・親族呼称

アサガ゚ ンニドゥ ブルー［ʔasaŋa nnidu buruː］（お祖父さんが見ておられる）
アブガ゚ アビワルンドー［ʔabuŋa ʔabiwarundoː］（お祖母さんが呼んでおられるよ）

・親族名称および人を表す語

ウトゥトゥガ゚ドゥ ハタラティ ブンスヤ［ʔututuŋadu hatarati bunsuja］（弟が働いているよ）
ットゥガ゚ドゥ ブン［tˀuŋadu buŋ］（人がいる）

・指示代名詞(場所)

ウマガ゚ ウルギャンスヤ［ʔumaŋa ʔurugjansuja］（ここが涼しいね）
カマガ゚ アビャンサイ［kamaŋa ʔabjansai］（あそこがきれいだよ）

・その他対象一般(普通名詞など)

カディガ゚ ッティーブン［kadiŋa tˀiːbuŋ］（風が吹いている）
アミガ゚ フルン［ʔamiŋa ɸuruŋ］（雨が降る）

以上のように、主格用法ではガ゚が使われ、ヌの用いられた例は見出しえない。

（2） 連体修飾用法

連体助詞としては、ガ゚とヌがある。その点で石垣方言などとは違う。

（A） ガ゚の承ける形式

次のような身近にとらえた対象、ウチなるものととらえた対象を承ける。

・人称代名詞

アカ゚　ムヌ［ʔaŋa munu］（私のもの）

アカ゚　ダ［ʔaŋa da］（私の家）

それ以外は直ちに体言に接する。

ンダ　ムヌ［nda munu］（君のもの）

・指示代名詞(目下、事物)

ウカ゚　ムヌ［ʔuŋa munu］（これのもの。目下）

カリカ゚　ッタ［kariŋa tˀa］（あれの蓋）

直ちに体言に接するものもある。

ター　ムヌヤ［ta: munuja］（誰のものか）

（B）　ヌの承ける形式

次のような客観的にとらえた対象、ソトなるものととらえた対象を承ける。

・人名

ハナコヌ　ムヌ［hanakonu munu］（花子のもの）

ゴローヌ　ンナニ［goro:nu nnani］（五郎の着物）

・親族呼称

アサヌ　ムヌ［ʔasanu munu］（お祖父さんのもの）

アブヌ　ムヌ [ʔabunu munu]（お祖母さんのもの）

直ちに体言に接してもよい。

アサ　ムヌ [ʔasa munu]（お祖父さんのもの）

・親族名称および人を表す語

ウトゥトゥヌ　ンナニ [ʔututunu nnani]（弟の着物）

スダヌ　ンナニ [sudanu nnani]（兄の着物）

ットゥヌ　ムヌ [$t^{ʔ}$unu munu]（人のもの）

・指示代名詞（場所）

ウマヌ　ットゥ [ʔumanu $t^{ʔ}$u]（ここの人）

カマヌ　ットゥ [kamanu $t^{ʔ}$u]（あそこの人）

・その他対象一般（普通名詞など）

キヌ　ドゥダ [kinu duda]（木の枝）

ティヌ　サッティ [tinu sa$t^{ʔ}$i]（手の先）

以上、与那国方言における連体修飾用法の結果をまとめて示すと、表9のようになる。

身近にとらえた対象(ウチなるもの) 〈人称代名詞〉 〈指示代名詞(目下、事物)〉	ガ
客観的にとらえた対象(ソトなるもの) 〈人名〉 〈親族呼称〉 〈親族名称および人を表す語〉 〈指示代名詞(場所)〉 〈その他対象一般(普通名詞など)〉	ヌ

表 9
与那国方言の主格用法

6 まとめ

以上、奄美、沖縄、宮古、八重山、与那国の各方言におけるガとヌの用法について、主格、連体修飾の用法別にまとめて示すと、表10、表11のようになる(次頁)。

奄美方言や沖縄北部瀬底方言および宮古方言の場合、ガの承ける形式は主体が身近にとらえた対象であり、ウチ・ソト意識でいうならば、ウチなるものととらえた対象である。一方、ヌの承ける形式は主体が客観的にとらえた対象であり、ウチ・ソト意識でいうならば、ソトなるものととらえた対象である。那覇方言も基本的には同じであるが、奄美方言や沖縄北部方言および宮古方言とは異なり、主格用法では、ガがヌの領域まで入り込み、連体修飾用法では、ヌがガの領域まで入り込んでいる。これは那覇方言では、主格表示はガが担い、連体用法はヌが担うという機能分担化が進行し、現代共通語の体系へ移行しつつあることを示すものと解される。与那国方言では、主格表示はガが担い、ヌが用いられた例は見出せない。しかし連体修飾用法では、ガの領域が多少残っ

<table>
<tr><th rowspan="2"></th><th rowspan="2">奄美</th><th rowspan="2">宮古</th><th colspan="2">沖縄</th><th rowspan="2">与那国</th><th rowspan="2">八重山</th></tr>
<tr><th>瀬底</th><th>那覇</th></tr>
<tr><td>身近にとらえた対象（ウチなるもの）
〈人称代名詞〉
〈指示代名詞（目下など）〉
〈人名〉
〈親族呼称〉</td><td>ガ</td><td>ガ</td><td>ガ</td><td>ガ</td><td rowspan="2">カ゚</td><td rowspan="2">ヌ</td></tr>
<tr><td>客観的にとらえた対象（ソトなるもの）
〈親族名称および人を表す語〉
〈指示代名詞（場所など）〉
〈その他対象一般（普通名詞など）〉</td><td>ヌ</td><td>ヌ</td><td>ヌ</td><td>ヌ</td></tr>
</table>

表　**10**
主格用法

<table>
<tr><th rowspan="2"></th><th rowspan="2">奄美</th><th rowspan="2">宮古</th><th colspan="2">沖縄</th><th rowspan="2">与那国</th><th rowspan="2">八重山</th></tr>
<tr><th>瀬底</th><th>那覇</th></tr>
<tr><td>身近にとらえた対象（ウチなるもの）
〈人称代名詞〉
〈指示代名詞（目下など）〉</td><td rowspan="2">ガ</td><td rowspan="2">ガ</td><td rowspan="2">ガ</td><td rowspan="2">ガ</td><td>カ゚</td><td rowspan="3">ヌ</td></tr>
<tr><td>〈人名〉
〈親族呼称〉</td><td rowspan="2">ヌ</td></tr>
<tr><td>客観的にとらえた対象（ソトなるもの）
〈親族名称および人を表す語〉
〈指示代名詞（場所など）〉
〈その他対象一般（普通名詞など）〉</td><td>ヌ</td><td>ヌ</td><td>ヌ</td><td>ヌ</td></tr>
</table>

表　**11**
連体修飾用法

ているが、奄美方言や沖縄北部方言および宮古方言などと比較すると、その領域がかなり狭まっていることが見て取れる。

以上のように、琉球方言では、ガは身近にとらえた対象(ウチなるもの)、ヌは客観的にとらえた対象(ソトなるもの)を承けるという、承ける形式を異にする働きから次第に変化して、今度はかかる形式を異にして、ガは用言にかかって主格を表示し、ヌは体言にかかって連体修飾するという働き、すなわち現代共通語的体系へ移行しつつあることがみえてくる。その一方で八重山方言のように、ガが失われているものもある。八重山方言ももとは承ける形式を異にして、ウチ・ソト意識で使い分けられていたものと解される。その承ける形式に混乱が生じたときに(たとえば那覇方言などのように)、今度はかかる形式を異にしてうまく機能分担化をなしえなかった結果として、ガは排除されたものと解される。八重山の石垣、黒島、波照間の各方言はそのことを如実に示している。

二　中央語における「が」「の」の用法の変遷

中央語における「が」「の」の用法を奈良時代と室町時代以後において概観する。

1　奈良時代

奈良時代の「が」と「の」の用法については、橋本(一九二二)、青木(一九五二)、此島(一九七三)、大野(一九七八、一九八七)などいくつかの論考があるが、ここでは大野(一九八七)に従ってまとめてみると、おおよそ以下のようになる。
まず、奈良時代には、助詞「が」と「の」はともに体言と体言を結ぶ連体修飾用法が主な働きであったといわれている。これについては橋本（一九二二）でも、「が」と「の」はともに連体、連用どちらにも用いられたが、「最根本的なものは、たぶん体言につづくものであらうと考へられる」（『助詞・助動詞の研究』八二～八五頁）とある。さらに、この連体的用法と連用的用法の関係について、次のように述べている（同九〇～九一頁）。

今、その発生の次第を考へてみるに、はじめ或体言に付属して之を他の体言につづける「が」「の」のやうな助詞があった。この助詞は或場合には、直に之につづく体言につづかないで、用言を受けてゐる体言につらなる事があったであらう。

わが「道」　わが「行く道」
わが「妻」　わが「めづる妻」
わが「妻」　わが「はしき妻」
すめろぎの「大御世」　すめろぎの「遠き大御世」

この場合に、「の」「が」がついた体言と、その用言とは、語としては直接の関係がないものであるが、意味の上からみればその体言と用言との間に、主語と述語との関係が成立し得るものがあって、「の」「が」が主語を示す助詞のやうにも解し得る場合があったらうと考へられる。かやうなところから、もともと直接関係の無かった文節の間に関係ができて、「の」「が」が主語を示す助詞のやうになったのであらう。さすれば、これ等の連用的用法は、前のやうな連体的用法から導かれて、新しく生じたものと考へることができる。
かやうに考へてくると、「の」「が」の主語をあらはすものは、少なくともその最初に於いては、体言につづくものとは別のものでなく、その一つの場合と考へられたのであったが、後には、用言に対する主語をあらはすものと考へられるやうになり、遂には体言的要素のない用言につづく場合にまでも及んだが、猶幾分前の用法の名残を存して、用言の終止する場合には之につづかず、他へつづく場合にのみ、用いられたのであらうと考へられる。(すこしばかりきれる用言につづく例のあるのは、更にその用法がひろまったのであらう)

長々と引用したのは、そこに「が」「の」の根本的働きとその後の用法の変化の筋道が簡潔に述べられているとみたからである。

大野(一九八七)でも、「が」「の」はともに体言と体言を結ぶ連体用法が基本的働きであったとみる。その連体用法においては「が」「の」は共通していたが、どの体言を承けるかにおいては違いを示すという。両者の承ける体言を概略示すと、次のようになっている。

(A)「が」の承ける形式

主体がウチと扱う対象。

・表現者自身を指すことば

わ(我)、あ(吾)、おの(己)

・親愛関係にある人間

な(汝)、いも(妹)、吾妹子《わぎもこ》、君、背子《せこ》、子ら、母、父母、など

・親愛の情でとらえた動植物

たづ(鶴)、鴨、鳥、赤駒、かし(橿)、つき(槻)、染木、葦、梅、こなぎ(小水葱)、笹、しきみ(樒)、松、など

・軽蔑・侮蔑の相手

池田の朝臣、穂積の朝臣、荒《あら》ら《お》、鵜飼ひ

（B）「の」の承ける形式

主体がソトと扱う対象

・疎遠な人間、神

手弱女《たおやめ》、人、海人《あま》、さつを(猟人)、神、など

・自然物、時

山、川、風、雨、波、春、夏、朝、夜、など

・地名、場所

三吉野《みよしの》、住吉、淡路、野島、など

・動植物

花、草、竹、ほととぎす、さを鹿、など

・人間に属する物体および手段

形見、かざし、すべ(為便)、など

・物の属性を表すことば

くれなゐ(紅)、あけ(朱)、など

これを琉球方言と比較するため、改めて表示すると表12のようになる。

主体がウチと扱う対象 〈表現者自身を指す言葉〉 〈親愛関係にある人間〉 〈親愛の情でとらえた動植物〉 〈軽蔑・侮蔑の相手〉	が
主体がソトと扱う対象 〈疎遠な人間、神〉 〈自然物、時〉 〈地名、場所〉 〈動植物〉 〈人間に属する物体および手段〉 〈物の属性を表す言葉〉	の

表　**12**
奈良時代「が」「の」の用法

この奈良時代の「が」の用法を、現代琉球方言(奄美、沖縄、宮古)と比較してみる。奈良時代の「が」の承ける〈表現者を指すことば〉〈親愛関係にある人間〉は、現代琉球方言のガの承ける〈人称代名詞〉〈指示代名詞(目下など)〉〈人名〉〈親族呼称〉にほぼ相当する。しかし奈良時代の〈親愛の情でとらえた動植物〉〈軽蔑・侮蔑の相手〉にあたるものは、現代琉球方言には見出せない。沖縄では人名は普通呼び捨ての形をとるが、これは親愛関係を示すもので、軽蔑や侮蔑してのことではない。これからすると、奈良時代の「が」の領域は現代琉球方言のそれよりも広いといえようか。また東国地方では、奈良時代あたりから大和地方よりも「が」を多く使っていたという。大和地方では「の」で承けられるものも、東国では「が」で承けられているという。これについて、大野(一九七八)では「東国人は物事を表現するにあたって都の人に対しては、なにかにつけて卑下してガを使うことが多かったのだろう」(一五六頁)とみているが、奈良時代の「が」の用法と現代琉球方言のガの用法を比較してみえてきたところからすれば、東国はウチとみなす領域が大和地方より広かったとみる方がより妥当であろう。

2　室町時代

室町時代の「が」「の」の用法についても、同じく大野(一九八七)でみてゆくと、概略以下のようになる。

奈良時代の「が」「の」は、すでにみてきたように、体言と体言を結ぶ連体修飾用法が主な働きであった。

・A体言＋が＋B体言(A体言がウチ)
　わが背子(万葉集　八一二)、妹が衣(万葉集　三六六七)
・A体言＋の＋B体言(A体言がソト)
　海人の釣舟(万葉集　二九四)、奥山の真木の板戸(万葉集　二六一六)

「が」の承けるA体言は、主に能動的主体としての「我」および「我」に身近な人間であり、主体がウチと扱う対象であった。一方、「の」の承けるA体言は、主体がソトと扱う対象であった。

そのほかにまた「が」「の」の次に活用語連体形を置いてB体言につなぐ次のような構造の用例もみられる。

・A体言＋が＋活用語連体形＋B体言(A体言がウチ)
　君が行く道(万葉集　三七二四)、背子が着《け》る衣(万葉集　九七九)
・A体言＋の＋活用語連体形＋B体言(A体言がソト)
　むらさきのにほへる妹《いも》(万葉集　二一)、行く水のたゆることなく(万葉集　四〇〇二)

さらに用例は少ないが、B体言に相当するようなもののない次のような構造の用例もみられる。

・A体言＋が＋用言(A体言がウチ)

わが居れば(万葉集　三七〇七)、なが来《く》とおもへば(万葉集　五二八)

・A体言＋の＋用言（A体言がソト）

丈夫《ますらを》の恋《こふ》れこそ(万葉集　一一八)、雲の隠さふべしや(万葉集　一七)

室町時代になると、「が」「の」の用法に次のような変化があらわれる。

（1）　戦国時代の社会変動によりウチ・ソト意識の崩壊が起こり、それに伴って「が」「の」の用法にも大きな変化が起きてくる。すなわち「が」「の」の承ける体言にウチ・ソトの区別がなくなる。それによって「が」の承けるA体言の範囲が広くなり、「が」の承けるA体言と「の」の承けるA体言に区別がなくなる。

（2）　「が」の用法の拡大に伴って、「が」は、「A体言＋が＋B体言」の用法に代わって、「人目がしげうござるによって」「足音が高う聞えたれば」(天草本平家物語)などのような「A体言＋が＋活用語」の用法の例が多くなる。

（3）　この時代に連体形が終止形を駆逐する。これらの現象を背景に、「が」は「能力の主体を表示する」という方向へ進み(大野　一九八七、一五八頁)、下の活用語との結びつきを強めるようになる。一方「の」は、もとからの働きである下のB体言との結びつきを保ち、連体修飾としての働きを保持するようになったといわれている。このようにして「が」「の」は改めてそれぞれ機能を分化させて、「夜が明けた」「平家の由来」などのような、現代の主格助詞「が」、連体助詞「の」が成立したといわれている。

まとめ

以上述べてきたところをまとめると、次のようになる。

（1）助詞「が」「の」は、奈良時代においてはともに体言と体言を結ぶ連体修飾用法が主な働きであった。「が」の承ける体言は主体がウチと扱う対象であり、「の」の承ける体言はソトと扱う対象である。奈良時代をはじめ平安時代、鎌倉時代において、「が」と「の」が連体修飾という働きを同じくしながらもともに共存しえたのは、まさにその違う体言を承けるという働きによるものであった。

構造的には、「A体言＋が＋B体言」「A体言＋の＋B体言」に加えて次第に「A体言＋が＋活用語連体形＋B体言」「A体言＋の＋活用語連体形＋B体言」などの構造もあらわれ、さらに「A体言＋が＋用言」「A体言＋の＋用言」などの構造もあらわれるようになる。これを「が」「の」のかかる形式からみれば、「が」にも「の」にもそれぞれ主格用法と連体修飾用法があったことを示す。

（2）室町時代以後は、ウチ・ソト意識の崩壊などによって「が」と「の」の承ける体言に違いがなくなる。そこで今度は「が」は下の活用語との結びつきを強め、動作・作用・状態などの主体を表示する主格助詞へと移行し、「の」はもとからの体言にかかる連体助詞としての働きをそのまま保持することになる。すなわち「が」と「の」は、室町時代以前においては承ける形式の違いによって共存を可能にしていたが、室町時代以後においては承ける形式に違いがなくなり、共存の基盤が揺らぐことになる。そこで今度は「が」は活用語にかかり、「の」は体言にかかるというように、かかってゆく形式を違えるということによってその生き残りをかけたといえよう。このことは琉球方言の実態をみれば、容易に理解される。

(3)　奈良時代の「が」「の」と用法をほぼ同じくするのが現代の奄美(徳之島)、沖縄(北部瀬底)、宮古(長浜)などにおける各方言のガとヌである。このガとヌにもともに主格用法と連体修飾用法がある。すなわちかかってゆく働きにおいては共通しているが、どの形式を承けるかにおいては違いを示す。奈良時代の「が」「の」と同様、ガは身近で、ウチなるものととらえた対象を承け、ヌは客観的に、ソトなるものととらえた対象を承ける。ただし、そのガの承ける対象の領域は現代の奄美、沖縄、宮古の各方言では奈良時代より狭くなっている。

(4)　沖縄那覇方言も基本的には奄美、沖縄北部、宮古の各方言と同じであるが、ただ那覇方言では、ガは主格表示を担い、ヌは連体修飾を担うという、いわゆるかかってゆく形式を異にして機能分担化を図り、現代共通語的体系へ移行しつつあるという点ではこれの方言と大きく違っている。

(5)　与那国方言は那覇方言よりも現代共通語的体系へ一歩近づいている。同方言では、主格表示はガが担い、ヌは見出しえない。しかし連体修飾用法では、まだガの領域が多少残っているが、それも早晩ヌの勢力に押されて、連体修飾用法はヌが担うことになるだろう。

(6)　那覇方言や与那国方言と違う方向へ変化していったのが八重山方言である。同方言でもかつては奄美、沖縄、宮古の各方言と同じように、承ける体言を違えることによってガとヌが共存していたものと解される。しかしその承ける形式を分かつウチ・ソト意識が崩壊し、それに伴って、室町時代中央語と同様、ガとヌの承ける体言にも違いがなくなった時期があったであろう。そこで室町時代以後の中央語では、今度はかかる形式を違えることによって、「が」と「の」がうまく機能分担化を果したが、八重山方言では、ガはヌによって駆逐され、主格用法、連体修飾用法ともにヌが担うようになったものと解される。八重山方言は機能を同じくする語はいずれ異なる機能を担わないと、一方が駆逐されるという実態をみせている。と同時にマスコミなどの影響の少ない時と場所で、ことばはどう変化するのかということもよくみせてくれる事例といえよう。

（7） 今後の琉球方言のガ（またはパ）とヌの用法は、交通網やマスコミの発達および学校教育などによって、恐らく那覇方言や与那国方言の方向、すなわち現代共通語的体系への変化という方向へ移行してゆくであろう。八重山方言もその例外ではなかろう。現在はガの駆逐という状況であるが、いずれ現代共通語的体系へと揺れ動いてゆくであろう。

参考文献

青木伶子（一九五二）「奈良時代における連体助詞〈が〉〈の〉の差異について」『国語と国文学』第29巻7号　東京大学国語国文学会

内間直仁（一九九〇）『沖縄言語と共同体』社会評論社

内間直仁（一九九四）『琉球方言助詞と表現の研究』武蔵野書院

内間直仁（一九九六）「琉球方言から見た〈が〉〈の〉の変遷」『日本語研究諸領域の視点　上巻』（平山輝男博士米寿記念会　編）明治書院

内間直仁・新垣公弥子（二〇〇〇）『沖縄北部・南部方言の記述的研究』風間書院

内間直仁（二〇〇八）「琉球方言における〈が〉〈の〉の用法」『琉球大学言語文化論叢』第5号　琉球大学言語文化研究会

大野　晋（一九七八）『日本語の文法を考える』（岩波新書）岩波書店

大野　晋　(一九八七)　『文法と語彙』　岩波書店
此島正年　(一九七三)　『国語助詞の研究』　桜楓社
高木市之助・五味智英・大野　晋(校注)　(一九五七、一九五九、一九六〇、一九六二)　『萬葉集一、二、三、四』(日本古典文学大系)　岩波書店
橋本進吉　(一九三五)　「助詞の研究」(『助詞・助動詞の研究』岩波書店(一九六九)所収)

第四章　沖縄の挨拶ことば

はじめに

挨拶には、手紙などの挨拶、初対面の挨拶、会合などで大勢の人を対象とした挨拶、あるいは一定の地域で生活している者どうしが日常生活で交わす挨拶などいろいろあるが、ここでは一定の地域で生活している者どうしが日常生活で交わす挨拶で、相手に対する敬意や親愛を示し、人間関係を円滑にする働きをすることばを取り上げる（琉球方言の挨拶ことばについては拙著（一九九〇、一九九四）でも論じたことがあるが、ここでは多少用例を追加したり差し替えたりしてわかりやすく述べる）。なお、用例は沖縄本島北部本部町瀬底《せそこ》方言である。

瀬底方言では「挨拶する」は、

エージ　スン [ʔeːʤisuŋ]（合図する。挨拶する）

フイ　ハキユン [ɸuihakijuŋ]（声をかける。挨拶する）

などという。「アン　クヮーヤ　ユー　エージ　スン [ʔaŋ kwaːja juː ʔeːʤisuŋ]」（あの子はよく挨拶する）などとほめられる。また、よく挨拶する子は「チラジキャーシェン [ʧiraʤikjaːʃeŋ]」（面近し。人なつっこい）といってかわいがられる。反対に人見知りして十分に挨拶を交わしえない子は「チューフヮジカサ スン [ʧu:ɸaʤikasa suŋ]」（人恥ずかしさする。人見知りする）、あるいは「チュージラミランヌー [ʧu:ʤiramirannu:]」（人の顔を見ない者。人見知りする）などといわれる。これらの表現はまだマイナス評価を伴わないが、「ムヌー ワカラン [munu: wakaraŋ]」となると、挨拶を交わすという常識を知らないということになって、明らかにマイナス評価を受けてしまう。

さて、瀬底方言の挨拶ことばは、その表現様式でいくつかの類型（パターン）に分けることができる。以下、その類型に従って具体的にみてゆく。

一「動作・状態などをそのまま表現する」様式

1　おはよう

ウキタンナー [ʔukitanna:]（起きたかね。目下）
ミー　サミーティー [mi: samiti:]（目が覚めたか。目下）
ヘーク　ウキーサヤー [he:ku ʔuki:saja:]（早く起きるね。目下）
ウキンソーチー [ʔukinso:ʧi:]（起きられましたか。目上）
ヘーク　ウキンシェーサヤー [he:ku ʔukiŋʃe:saja:]（早く起きられますね。目上）

朝、家庭内で交わされることばは、目下には、「ウキタンナー」（起きたかね）、「ウキーティー [ʔuki:ti:]」（起きたか）、「ミー　サミーティー」（目が覚めたか）、「ヘーク　ウキーサヤー」（早く起きるね）、目上には、「ウキンソーチー」（起きられましたか）、「ヘーク ウキンシェーサヤー」（早く起きられますね）などである。起きてきた相手に最初にかけることばである。

朝早く、隣近所の人と会った場合は、目下には「ヘーシェーサヤー [he:ʃe:saja:]」（早いね）、「ヘーク ウキーサヤー」（早く起きるね）、目上には「ヘーシェービーサヤー [he:ʃe:bi:saja:]」（早いですね）、「ヘーク ウキンシェーサヤー」（早く起きられますね）などという。これらは、久しぶりに親戚などが来て泊まった場合の挨拶にも用いられる。

瀬底と同様、琉球方言では、概して「おはよう」に相当するような固定化した一定のものはなく、朝起きてきた相手を見れば、「起きたかね」「目が覚めたか」「早く起きるね」など、相手の状態をそのまま表現することで朝の挨拶としている。これらは声掛けが目的で、それによって親愛の情を表現している。

2　こんにちは

「こんにちは」にあたる挨拶も、次のように多様である。

例えば、目下には次のようにいう。

ラーチ エーガ [ra:ʧi je:ga]（どこへか）

フヮルンガティナー [ɸaruŋgatina:]（畑へか）

キバイサヤー [kibaisaja:]（頑張るね）

ハマイサヤー [hamaisaja:]（一所懸命だね）

また、目上には次のようにいう。

ラーチ　エーンシェーガ［raːtʃi jeːŋʃeːga］（どこへですか）

フヮルンガティ　エーンシェーンナー［ɸaruŋgati jeːŋʃeːnnaː］（畑へですか）

キバインシェーサヤー［kibaiŋʃeːsajaː］（頑張っていらっしゃいますね）

ハマインシェーサヤー［hamaiŋʃeːsajaː］（一所懸命ですね）

日中、隣近所の人や知り合いに出会うと、目下には、「ラーチエーガ」（どこへか）、目上には「ラーチ　エーンシェーガ」（どこへですか）などという。これは相手の行く先を問うている場合もあるが、ほとんどの場合は声掛けを目的としている。したがってそれに対しては、具体的に「ホーイムン　シーガヨー［hoːimuŋ ʃiːgajoː］」（買い物をしにだよ）などと答える場合もあるが、ほとんどの場合は「ヨー　マーマリーヨー［joː maːmariːjoː］」（ちょっとそこまでだよ）で済まされる。

相手の行く先がはっきりしている場合は、「フヮルンガティナー」（畑へか。目下）、「フヮルンガティ　エーンシェーンナー」（畑へですか。目上）などという。これに対しては、「クサ　トゥイガヨー［kusa tuigajoː］」（畑の除草にだよ）など、これからやることについての短い会話を交わしながら別れる。

働いている相手に出会うと、「キバイサヤー」（頑張るね。目下）、「キバインシェーサヤー」（頑張っていらっしゃいますね。目上）とか、「ハマイサヤー」（一所懸命だね。目下）、「ハマインシェーサヤー」（一所懸命ですね。目上）などという。これに対しては、「ティーチン　アガカンム［tiːtʃiŋ ʔagakammu］」（ちっともはかどらないよ）など、現在の状態をいうことで応じる場合が多い。

以上のように、日中の挨拶でも「こんにちは」のような一言で片づいてしまうような固定的な挨拶ことばは見出しえない。相手または自分の状態などをそのまま表現することが挨拶のことばとなっている。

3　お帰り

「お帰り」にあたる挨拶は、次のとおり。
ナマル　ケーティクンナー［namaru ke:tikunna:］（今帰ってくるのか。目下）
ナー　シマーティナー［na: ʃima:tina:］（もう終わったか。目下）
ナマル　ケーティモーユンナー［namaru ke:timo:junna:］（今お帰りですか。目上）
ナー　シマインソーチナー［na: ʃimainso:ʧina:］（もう終えられましたか。目上）

「ただいま」「お帰り」は、主に家庭内で交わされる挨拶であるが、瀬底方言では「ただいま」にあたる挨拶は見出しえない。帰ってきたときは、帰ってきたことを知らせるため、家にいる者のところへ顔出しするのが普通である。帰ってきた相手に対して、家にいる者は、「ナマル　ケーティクンナー」（今帰ってくるのか。目下）、「ナマル　ケーティモーユンナー」（今お帰りですか。目上）、あるいは「ナー　シマーティナー」（もう終わったか。目下）、「ナー　シマインソーチナー」（もう終えられましたか。目上）などと声をかける。帰ってきた相手の状況をそのまま表現したものであるが、疑問形式をとっているのは、相手の変わりないいつもの声を期待してのことである。その声掛けに対しては、「ッンー［ʔn:］」（はい。目下）、「オー［ʔo:］」（はい。目上）などの返事がなされるが、その短いやり取りの中で、相互の親近感は十分に伝えられている。

4　ごちそうさま

「ごちそうさま」にあたる挨拶は、次のとおり。
ナー　カータン［na: ka:taŋ］（もう食べた。目下）

ナー　チュフヮーラ　ヒチャン［na: ʧuɸa:ra çiʧaŋ］（もう腹一杯になった。目下）
クヮッチー　ヒチャン［kwaʧʧi: çiʧaŋ］（ご馳走になった。目下）
ナー　チュフヮーラ　サービタン［na: ʧuɸa:ra sa:bitaŋ］（もう腹一杯になりました。目上）
クヮッチー　サービタン［kwaʧʧi: sa:bitaŋ］（ご馳走になりました。目上）

よそで食事をする場合は別として、家庭内では特別に「いただきます」「ごちそうさま」にあたるような固定的な挨拶ことばは見出しえない。「ムンロー［munro:］」（ものだよ。ごはんだよ。目下）あるいは「ムヌー　ケーバ［munu: ke:ba］」（ごはんたべなさい。目下）、「ムヌー　ンチャガレー［munu: ŋʧagare:］」（ごはんおあがりなさい。目上）などと呼び掛けられると、みんな集まって食事する。食べたあとも「ごちそうさま」などのような固定的な言い方はない。箸をおいたところを見て、「ナー　カーティー［na: ka:tina:］」（もう食べたか。目下）、「ナー　ンチャガインソーチナー［na: ŋʧagainso:ʧina:］」（もうおあがりになりましたか。目上）と問われれば、「ナー　カータン」（もう食べた）などと答えるだけである。よそでごちそうになったときは、親しい親戚などのところでは、「ナー　チュフヮーラ　ヒチャン」（もう腹一杯になった。目下）、「ナー　チュフヮーラ　サービタン」（もう腹一杯になりました。目上）「クヮッチー　ヒチャン」（ご馳走になった。目下）など、多少気を使うところでは、「クヮッチー　サービタン」（ご馳走になりました。目上）などという。これらもすべて現在の状態をそのまま表現して挨拶としたものである。なお、よその「いただきます」については14を参照。

5　ごめんください（他所訪問。親しい場合）

隣近所や親しいところを訪ねたときの「ごめんください」にあたる挨拶は、次のとおり。

タルン　ウランガヤー［tarun ʔuraŋgaja:］（誰もいないのかしら。目下）

タルン　モーランガヤー［tarum mo:raŋgaja:］（誰もいらっしゃらないのかしら。目上）

相手がいるときの挨拶は、次のとおり。

ウイサヤー［wuisaja:］（居るね。目下）

モーイサヤー［mo:isaja:］（いらっしゃるね。目上）

また晩の訪問に際しての挨拶は、次のとおり。

ウキティーサヤー［ʔukiti:saja:］（起きているね。目下）

ウキティモーイサヤー［ʔukitimo:isaja:］（起きていらっしゃいますね。目上）

親戚や親しい隣近所の家を訪問する場合とそういう関係にない他人のところを訪問する場合とでは、挨拶の仕方が異なる。相手の状態をそのまま表現して挨拶とするのは前者の場合である。たとえば、隣近所の家を訪ねたとき、相手がすぐ見つからない場合、「タルン　ウランガヤー」（誰もいないのかしら。目下）、「タルン　モーランガヤー」（誰もいらっしゃらないのかしら。目上）などという。相手にすぐ会えたときは、「ウイサヤー」（居るね。目下）、「モーイサヤー」（いらっしゃるね。目上）などという。晩に訪ねたときは、「ウキティーサヤー」（起きているね。目下）、「ウキティモーイサヤー」（起きていらっしゃいますね。目上）などという。いずれも相手の状態をそのまま表現したものである。これに対し、相手は「チャー　ヌメー［tʃa: nume:］」（お茶を飲みなさい。目下）とか「モーレー［mo:re:］」（いらっしゃい。目上）などで応じる（「いらっしゃい」については20を参照）。

6　すみません。ごめんなさい

謝る場合の挨拶は、次のとおり。

ワンガル　ワッシェール　[waŋgaru waʃʃeːru]（私が悪い。目下）

ワンガル　ワッシェービール　[waŋgaru waʃʃeːbiːru]（私が悪いです。目上）

共通語の「すみません」は、謝る意のほかに、「ありがとう」「お願いします」「ごめんください（訪問）」「失礼します」「相手への呼び掛け」など、実に多義的で、人間関係を円滑に進めてゆくのにとても便利なことばとなっている。この「すみません」にあたることばは瀬底も含めた沖縄方言には見出しえない。たとえば、座っている人の前を通らざるをえないときは、開いた右手を、手のひらを内側へ向けた形で前へ差し出し、心もち縦にふりながら腰をかがめて通っていく。ことばはなくとも、これで十分「失礼します」または「すみません」の表現になっている。また、ちょっとした過失に対しては、いちいち謝ることはしない。たとえば、人前でお茶をこぼしても「アンマイ　イッカラチャリバン　[ʔammai ʔikkaraʧariban]」（あれ、こぼしてしまった）と、その動作をそのまま表現する。失態を表現することばの中に謝りの気持ちもこめられている。ことばではっきりと謝らなければならないほどの過ちを犯したときは、「ワンガル　ワッシェール」（私が悪い。目下）、「ワンガル　ワッシェービール」（私が悪いのです。目上）などのように言って謝る。それに対して相手は、「ナー　シムーサ　[naː ʃimusa]」（もういいよ。目下）、「ナー　シミャビーサ　[naː ʃimjabiːsa]」（もういいですよ。目上）などという。

これらすべて自分の状態をそのまま表現したものである。相手に多大な迷惑をかけた場合の謝罪のことばは別にあるが、これについては後述する。

7　ありがとう

「ありがとう」にあたることばは、次のとおり。

イィー　キバイ　ヒチャーサ　[jiː kibai çitʃaːsa]（よく気張ったね。よく頑張ったね。目下）

ニヘーロー　[niheːroː]（御拝《ニヘー》だね。ありがとう。多少気を使う。目下。※御拝《ニヘー》は首里方言では「ニフェー（旧方言でミフェー）」で、「みはい（御拝）」に対応する）

イィー　キバイ　ヒチ　トゥラシンソーチャサ　[jiː kibai çitʃi turaʃinsoːtʃasa]（よい気張りをしてくださいましたね。よく頑張ってくださいました。目上）

ニヘーレービル　[niheːreːbiru]（御拝ですね。ありがとうございます。目上）

「ありがとう」にあたることばとしては、「イィー　キバイ　ヒチャーサ」（よく気張ったね。よく頑張ったね）、「ニヘーロー」（御拝だね。ありがとう。多少気を使う目下）などがある。「イィー　キバイ　ヒチャーサ」は、相手の良い働きぶりをそのまま表現することによって、感謝の意を表したものである。「ニヘーロー」（御拝だね。ありがとう）も、「拝むほどのありがたい気持ち」という、今の心の状態をありのままに表現したものである。これは、多少ていねいに取り扱わなければならない目下の相手に対して用いる。また目上に対するそれらのていねい表現は、「イィー　キバイ　ヒチ　トゥラシンソーチャサ」（よい気張りをしてくださいましたね。よく頑張ってくださいました）「ニヘーレービル」（御拝ですね。ありがとうございます）となる。これらも相手またはこちらの現在の状態をそのまま述べることで感謝の気持ちを表す挨拶となっている。

8　おかげさまで

「おかげさまで」にあたることばは、次のとおり。

ッヤーガ　ヒチ　トゥラストゥルレール　[ʔjaːga çitʃi turasutururerːu]（君がやってくれるからだよ。目下）

ナンガ　ヒチ　トゥラシンシェートゥルレール　[naŋga çitʃi turaʃinʃeːturureːru]（あなたがやってくださるからなんです。目上）

ウンギ　ハンティンロー　[ʔuŋgi hantinroː]（恩義をこうむっているよ。目下）

ウンギ　ハンティービーンロー　[ʔuŋgi hantiːbiːnroː]（恩義をこうむっていますよ。目上）

「おかげさまで」は中央語では欠かせない挨拶ことばである。その庇護またはお力添えでという意味合いが強い。これに対して、沖縄（瀬底）では、目下には「ッヤーガ　ヒチ　トゥラストゥルレール」（君がやってくれるからだよ）、目上には「ナンガ　ヒチ　トゥラシンシェートゥルレール」（あなたがやってくださるからなんです）などのように、ありのままの動作・状態を具体的に表現することによって感謝の気持ちを表す。さらに深い感謝の気持ちをていねいに表すときは、「ウンギ　ハンティンロー」（恩義をこうむっているよ。目下）、「ウンギ　ハンティービーンロー」（恩義をこうむっていますよ。目上）などのようにいう。いずれも相手のありのままの状態かこちらの状態を表現することで感謝の意を表す形をとっている。

9　おめでとう

イィー　ソーグヮチ　エーンヤー　[jiː soːgwatʃi jeːŋjaː]（いいお正月だね。目下）

イィー　ソーグヮチ　エービーンヤー　[jiː soːgwatʃi jeːbiːŋjaː]（いいお正月ですね。目上）

新年には、「イィー ソーグヮチ エーンヤー」（いいお正月だね。目下）、「イィー ソーグヮチ エービーンヤー」（いいお正月ですね。目上）などと挨拶を交わす。「イィー」（良い）には、天気のことも含まれているが、それ以上に楽しい、幸せという意味合いとともに一年間の平安・幸せの願いもこめられた予祝的な側面もあらわれている。この挨拶ことばは、家庭外での挨拶で、家庭内では特別に「おめでとう」にあたることばは見出しえない。元旦（旧暦）には、未明に起きだして、昨日までにきれいに掃除した庭や門に通ずる道路などに真っ白な砂を撒く。門の両側にはその日の朝早く切ってきた松の枝を飾る。その後、「ワカミジ [wakamiʤi]」（若水）で洗顔し、晴れ着に着替えて、台所の火の神を拝む。そのあと仏壇の先祖を拝み、正月を祝う。

結婚を祝福するときのことばは、「ミートゥンバ ナタンリサヤー [miːtumba natanrisajaː]」（夫婦になったってね。目下）などという。新郎に対しては「イィー トゥジ フメタサヤー [jiː tuʤi ɸumetasajaː]」（よい妻をさがしたね。目下）などという。新婦に対しては「トゥジ」（妻）のところを「ウトゥ [wutu]」（夫）に変えればよい。また合格を祝うときは「ウカタンリサヤー [ʔukatanrisajaː]」（受かったってね。目下）などという。

これらいずれも相手の状態をそのまま表現して祝福の挨拶としたものである。

10 しばらく

目下には、次のようにいう。

ティーチン ミラランバン [tiːʧiŋ mirarambaŋ]（ちっとも見えないね）

ミールーサヌヤー [miruːsanujaː]（見遠いね）

ナゲーサ ナインヤー [nageːsa naiɲjaː]（長くなるね）

目上には、次のようにいう。

ティーチン　ミンソーラランバン［tiːʧiŋ minsoːraramban］（ちっともお見受けできませんね）

ミールーサイビーンヤー［miːruːsaibiːŋjaː］（見遠いですね）

ナゲーサ　ナイビーンヤー［nageːsa naibiːŋjaː］（長くなりますね）

中央語の「しばらく」もそのあとに「会えなかったね」などが省略されたものである。「しばらく」といえば、あとはいわなくともわかるから省略されているだけである。これにあたるものは、沖縄（瀬底）では、ティーチン、ミランバン（ちっとも見えないね）、ミールーサヌヤー（見遠いね）、ナゲーサ　ナインヤー（長くなるね）などである。中央語のように省略することなく、現在の状態をそのまま表現して挨拶としている。

11　さようなら（訪問客を送り出すとき）

目下に対しては、

ナー　ケーユンナー［naː keːjunnaː］（もう帰るのか）

などという。目上に対しては、

ナー　ケーンシェーンナー［naː keːŋʃeːnnaː］（もうお帰りですか）

ナー　モーユンナー［naː moːjunnaː］（もう行かれますか）

などという。

いずれも、相手の帰りかける状態を見て、それをそのまま表現したものである。

二　「〜しよう(勧誘)」様式

「〜しよう」は、琉球方言では外形上ほとんど未然形に似た形で表される。たとえば、「書こう」は瀬底方言では「ハカー［haka:］」という。これは古代中央語の「書かむ」に対応し、末尾の「む」が脱落して「ハカー」となったものである。この形式は、話し手に中心を置いた場合、話し手の意思を表すが、聞き手に中心を置いたときは勧誘を表す。沖縄では「〜しよう」様式の挨拶ことばが見出される。これは、自他を区別しながらもなお自他を超えた一体化志向・同一化志向に基づいた表現である。

12　終えよう

ナー　アガーラ［na: ʔaga:ra］（もう上がろう。もう終えよう。目下）

ナー　アガイヤビラ［na: ʔagaijabira］（もう上がりましょう。もう終えましょう。目上）

仕事帰りに、まだ働いている人に出会うと、「ナー　アガーラ」（もう上がろう。もう終えよう。目下）、「ナー　アガイヤビラ」（もう上がりましょう。もう終えましょう。目上）などという。「アガーラ」「アガイヤビラ」が「〜しよう」形式になる。それに対しては、「ナー　アッチャール　ナイル［na: ʔatʃa:ru nairu］」（もう明日にする）などのように応じる場合もある。

13　行ってまいります

イジカーイィー　[ʔiʤikaːjiː]（行ってこようね。行ってくるね。目下）

イジキャービラ　[ʔiʤikjaːbira]（行ってきましょう。行ってきますね。目上）

普段の家庭生活では「行ってまいります」にあたる挨拶ことばはあまり聞かない。なにげなく出かけて行ってそして帰ってくる。普段とは違うところへ出かけたり、あるいは泊りがけで出かけるときなどは、「イジカーイィー」（行ってこようね。行ってくるね。目下）、「イジキャービラ」（行ってきましょうね。行ってきますね。目上）などという。「イジカー」「イジキャービラ」が「～しよう」形式になる。この母語の干渉を受けて、沖縄では「食べましょうね」（食べますの意）、「私、図書館に行きましょうね」（図書館に行くの意）などの表現が多い。

14　いただきます（よそで）

クヮッチー　サーイィー　[kwatʧiː saːjiː]（ご馳走しようね。ご馳走になるよ。目下）

クヮッチー　サービラ　[kwatʧiː saːbira]（ご馳走しましょう。ご馳走になります。目上）

これは、家庭内ではほとんど用いない。よそでご馳走になるとき、「クヮッチー　サーイィー」（ご馳走しようね。ご馳走になるよ。目下）、「クヮッチー　サービラ」（ご馳走しましょう。ご馳走になります。目上）などという。「サー」「サービラ」が「～しよう」形式になる。食べたあとは、4で示した「クヮッチー　ヒチャン」（ご馳走になった）、「クヮッチー　サービタン」（ご馳走になりました）などの挨拶がなされる。

15　ごめんください（他所訪問）

キャービラ［kja:bira］（来ましょう。ごめんください）

那覇方言などでは、ていねいに言うとき「チャービラサイ」（ごめんください。男性用語）、「チャービラタイ」（ごめんください。女性用語）と、「サイ」と「タイ」で男女使い分けるが、瀬底方言などではその区別をしない。男女ともに「キャービラ」（ごめんください）で挨拶する。これは、見知らぬところを訪問したりあるいは買い物で売店を訪ねたりするときに用いる。この挨拶には「私は来ましたが、よろしいでしょうか」という意が含まれている。

16　さようなら

ナー　イカイィー［na: ʔikaji:］（もう行こうね。目下）

ナー　ケーライィー［na: ke:raji:］（もう帰ろうね。目下）

ナー　イキャビラ［na: ʔikjabira］（もう行きましょう。目上）

ナー　ケーヤビラ［na: ke:jabira］（もう帰りましょう。目上）

これらは、親しい間柄で別れの際に「さようなら」の意で交わされる挨拶である。「ナーイカイィー」（もう行こうね）、「ナー　ケーライィー」（もう帰ろうね）、「ナー　イキャビラ」（もう行きましょう）、「ナー　ケーヤビラ」（もう帰りましょう）などという。それぞれ「イカ」（行こう）、「ケーラ」（帰ろう）、「イキャビラ」（行きましょう）、「ケーヤビラ」（帰りましょう）などの「〜しよう」形式が使われている。沖縄で、「私、帰ります」の意味で「私、帰りましょうね」などというのは、その母語の干渉を受けた表現である。

三 「〜ないか(勧誘)」様式

これは、「〜しよう(勧誘)」様式に比較して、どちらかといえば、多少遠慮した勧誘を表す。

17　終えないか

アガランナー［ʔagaranna:］(上がらないか。終えないか。目下)

アガインソーランナー［ʔagainso:ranna:］(上がりませんか。終えませんか。目上)

「終えよう」は12で示した形式でも表されるが、12の形式は比較的積極的な勧誘を表し、親しい間柄の相手に対して用いられるのに対し、ここで示した「アガランナー」(上がらないか。終えないか)、「アガインソーランナー」(上がりませんか。終えませんか)は、多少遠慮した勧誘を表し、普通の間柄で交わされる挨拶である。これに対しては「ナー アガイルナイル［na: ʔagairunairu］」(もう上がるよ。もう終えるよ)などのように答える。

四 「〜しなさい・〜してください(命令・希求)」様式

これは活用語の命令形を用いるもので、希求的意味合いも含まれる。

18　おやすみ

目下には、次のようにいう。

ニンベー［nimbeː］（寝なさい）

ハタンケー［hataŋkeː］（傾け。寝なさい）

ユフレー［juɸureː］（憩え。寝なさい）

目上には、次のようにいう。

ニンビンソーレー［nimbinsoːreː］（おやすみなさい）

ハタンキンソーレー［hataŋkinsoːreː］（横になってください。おやすみなさい）

ユフインソーレー［juɸuinsoːreː］（憩いなさい。おやすみなさい）

「ニンベー」（寝なさい）、「ニンビンソーレー」（おやすみなさい）は、家庭内でよく用いられる。「ハタンケー」（寝なさい）、「ハタンキンソーレー」（おやすみなさい）は、家庭内で夜の就寝に際してのほか、疲れをとるための仮寝をすすめるときにも用いられる。「ユフレー」（寝なさい）、「ユフインソーレー」（おやすみなさい）は、いくぶん雅語的なところがあって、ていねいな意味合いが含まれる。これは就寝に際してだけでなく、働いている仲間や通りすがりの隣近所の知人などに、ひと休みすることをすすめる場合にも用いられる。「ニンベー」「ハタンケー」「ユフレー」「〜ソーレー」などは、活用語の命令形である。

19　行っていらっしゃい

イジコーサ［ʔiʤikoːsa］（行ってきなさい。目下）

イジモーレーサ［ʔiʤimoːreːsa］（行っていらっしゃい。目上）

13の「イジカーイー」（行ってくるね。目下）、「イジキャービラ」（行ってきますね。目上）などに応じる挨拶で、「イジコーサ」（行ってきなさい）、「イジモーレーサ」（行っていらっしゃい）などのようにいう。また「ヘーク ケーティクーヨー［heːku keːtikujoː］」（早く帰ってこいよ。目下）、「ヘーク ケーティモーリヨー［heːku keːtimoːrijoː］」（早く帰っていらっしゃいよ。目上）などともいう。中央語の「行っていらっしゃい」は、目上・目下を問わず用いられるが、沖縄では目上と目下とで表現の使い分けがなされる。これはこれらの挨拶ことばが形式化・固定化されていないことを示す。「イジコー」（行ってこい）、「イジモーレー」（行っていらっしゃい）は命令形である。

20　いらっしゃい

目下には、次のようにいう。

チャー　ヌメー［ʧaː numeː］（お茶を飲みなさい）

タバーク　シキレー［tabaːku ʃikireː］（煙草に火をつけなさい。一服しなさい）

ユフメー［juɸumeː］（憩いなさい。休みなさい）

チッカキレー［ʧikkakireː］（ちょっとかけなさい）

イレー［ʔireː］（入りなさい）

アガレー［ʔagareː］（上がりなさい）

目上には、次のようにいう。

チャー　ヌミンソーレー　[tʃa: numinso:re:]（お茶をあがってください）

タバーク　シキンソーレー　[taba:ku ʃikinso:re:]（一服してください）

ユフミンソーレー　[juɸuminso:re:]（お休みください）

チッカキンソーレー　[tʃikkakinso:re:]（ちょっとおかけください）

インソーレー　[ʔinso:re:]（お入りなさい）

アガインソーレー　[ʔagainso:re:]（お上がりなさい）

モーレー　[mo:re:]（いらっしゃい）

メンソーレー　[menso:re:]（いらっしゃい）

5と15の「ごめんください」（他所訪問）で示した声掛けに対する応答である。「チャー　ヌメー」（お茶を飲みなさい）、「チャー　ヌミンソーレー」（お茶をあがってください）、あるいは「タバーク　シキレー」（一服しなさい）、「タバーク　シキンソーレー」（一服してください）などは、ごく親しい相手へ「いらっしゃい」の意をこめていうことばである。普段行き来している相手に対してはお茶や煙草などで接待する習慣があった。「ユフメー」（憩いなさい。休みなさい）、「ユフミンソーレー」（お休みください）も、親しい相手に用いられるが、「ゆっくりしてください」といういていねいな意味合いも加わる。「チッカキレー」（ちょっとかけなさい）、「チッカキンソーレー」（ちょっとおかけください）は、訪ねてきた親しい相手が立ったままでいる場合、「いらっしゃい」の意も含めて腰掛けてゆっくりすることをすすめる挨拶ことばである。家には普通濡れ縁というのがあって、普段の客はそこにちょっと腰掛けて茶を飲みながら談笑した。「チッカキレー」はそこに腰掛けることをすすめることばである。「イレー」（入りなさい）、「アガレー」（上がりなさい）、「インソーレー」（お入りなさい）、「アガインソーレー」（お上がりなさい)は、親しい来客に座敷へ上がるようすすめることばである。「モーレー」(いらっしゃい)は知り合いの目上の相手、「メンソーレー」(いらっしゃい)は気を使う相手または稀の客に対して用いられる。「モーレー」は瀬底も含めた沖縄北部方言などではよく使われる。なお、「モーレー」の終止形は「モーユン」となるが、その語構成について「上代語のイマシのイマは未然形で、イミ(連用形)があって、ʔoːruŋ(おわる)と結合して出来た語か」(仲宗根　一九八三)という見方がある。

以上の挨拶ことばのいずれも命令形である。「いらっしゃい」にあたることばがこんなに豊富にあるのは、普段の挨拶が固定化、形式化していないことを示す。

21　さようなら(身近な相手を送り出すとき)

ナー　イケーサ [naː ʔikeːsa](もう行きなさい。目下)
ナー　ケーレーサ [naː keːreːsa](もう帰りなさい。目下)
ナー　モーレーサ [naː moːreːsa](もうお行きなさい。目上)
ナー　ケーンソーレーサ [naː keːnsoːreːsa](もうお帰りなさい。目上)

これは、16の「ナー　イカイー」(もう行こうね)、「ナー　ケーライー」(もう帰ろうね)などの挨拶に応じたものである。「ナー　イケーサ」(もう行きなさい)、「ナー　ケーレーサ」(もう帰りなさい)などというと、いかにも追い帰すようにみえるが、実際はそうではない。相手が「ナー　イカイー」(もう行こうね)、「ナー　ケーライー」(もう帰ろうね)などというと、帰りかけている相手の状況に合わせて「ナー　イケーサ」(もう行きなさい)、「ナー　ケーレーサ」(もう帰りなさい)、あるいは「ナー　モーレーサ」(もうお行きなさい)、「ナー　ケーンソーレーサ」（もうお帰りなさい）などと応じたもので、相手に同化した言い方なのである。これらの表現にはいささかの嫌味もなく、むしろほのぼのとした情愛さえ感じられる。ほかに「ヨンナー　シェーバ [jonna: ʃe:ba]」（ゆっくりしなさいよ。目下）、「ヨンナー　イケーバ [jonna: ʔike:ba]」（ゆっくり行きなさいよ。ゆっくりしなさいよ。目下）、「ヨンナー　シンソーレー [jonna: ʃinso:re:]」（ゆっくりなさってくださいよ。目上）、「ヨンナー　モーレーバ [jonna: mo:re:ba]」（ゆっくりいらっしゃい。ゆっくりなさってください。目上）などと応じる場合もある。いずれも命令形が用いられている。

22　ごめんなさい（謝る。詫びる）

クネーティ　トゥラシェー [kune:ti turaʃe:]（こらえてくれ。目下）
ユルーチ　トゥラシェー [juru:ʧi turaʃe:]（許してくれ。目下）
クネーティ　トゥラシンソーレー [kune:ti turaʃinso:re:]（こらえてください。目上）
ユルーチ　トゥラシンソーレー [juru:ʧi turaʃinso:re:]（許してください。目上）

これらの謝罪の挨拶がなされるときは、よほどのことがあった場合である。たとえば、酔って乱暴を働いたとかあるいは暴言を吐いて相手を傷つけたとかの場合である。しばらく時をおいて謝るときに、「クネーティ　トゥラシェー」（こらえてくれ）、「クネーティ　トゥラシンソーレー」（こらえてください）、あるいは「ユルーチ　トゥラシェー」（許してくれ）、「ユルーチ　トゥラシンソーレー」（許してください）などのようにいう。いずれも命令形を用いている。ほかに「グブリー　ナイビティ [guburi: naibiti]」（御無礼になりまして。目上）なども用いられるが、これは命令形の形をとっていない。

五　「〜すれば(条件)」様式

23　行ってまいります

イジキーバレール [ʔiʤiki:bare:ru](行ってくればである。行ってくる。目下)

イジキーバレービル [ʔiʤiki:bare:biru](行ってくればです。行ってきます。目上)

「行ってまいります」は、13で示した表現も用いるが、また「イジキーバレール」(行ってくればである。行ってくる)、「イジキーバレービル」(行ってくればです。行ってきます)も用いられる。「イジキーバ」(行ってくれば)が条件系である。これは「行ってくれば」の条件の帰結を共有し、その帰結「ナイル [nairu]」(〈ものごとは〉なる、目下)または「ナイビール [naibi:ru]」(〈ものごとは〉なります。目上)を省略した挨拶である。

24　さようなら

イキーバレール [ʔiki:bare:ru](行けばである。さようなら。目下)

ケーリバレール [ke:ribare:ru](帰ればである。さようなら。目下)

イキーバレービル [ʔiki:bare:biru](行けばです。さようなら。目上)

ケーリバレービル [ke:ribare:biru](帰ればです。さようなら。目上)

「さようなら」は16の形式も用いられるが、ここで示した「イキーバレール」(行けばである。さようなら)、「ケーリバレール」(帰ればである。さようなら。目下)なども用いられる。「イキーバ」(行けば)、「ケーリバ」(帰れば)

が条件系である。これも「行けば」「帰れば」の条件の帰結を共有し、その帰結「ナイル［nairu］」〈〈ものごとは〉なる、目下〉または「ナイビール［naibiiru］」〈〈ものごとは〉なります、目上〉を省略した挨拶である。

まとめ

――《相手との一体化・同一化志向》⇩ウチ意識の拡大――

以上、沖縄方言（瀬底方言）の挨拶ことばについてみてきたが、そこには次のような特徴を見出すことができる。

〈A〉いくつかの類型を持つ。

一「動作・状態などをそのまま表現する」様式
二「〜しよう（勧誘）」様式
三「〜ないか（勧誘）」様式
四「〜しなさい・〜してください（命令・希求）」様式
五「〜すれば（条件）」様式

〈B〉固定化、形式化がみられず、具体的である。

これらの特徴から、沖縄方言の挨拶ことばの基底には、常に相手との一体化・同一化志向が見て取れる。挨拶ことばが人間関係の円滑化を目指すものであるならば、これは常にウチ（自）・ソト（他）意識のうえに成り立っているはずである。相手との一体化・同一化志向というものは、いうまでもなくウチ（我）とは異なるソト（他者）の存在を認めてはじめて成り立つものである。ウチ・ソト意識を持ちつつも、なお両者を一体化・同一化しようとする指向性が沖縄の挨拶ことばにはみられる。

これをもう少し詳しく述べると、たとえば特徴〈A〉の一で示した「動作・状態などをそのまま表現する」様式は、動作・状態などをそのまま表現することによって、場面の共有または相手に寄り添う心性で相手との一体化を目指したものと解される。二の「〜しよう(勧誘)」様式、三の「〜ないか(勧誘)」様式にしても、いつも一緒という一体化意識に支えられての表現である。四の「〜しなさい(命令・希求)」様式も、命令が普通心情的に分け隔てのない近い関係で用いられるところからすれば、ウチ・ソトの一体化を前提とした表現といえよう。あるいは逆に命令形を用いることによって、心理的な一体化を目指したものともいえよう。五の「〜すれば(条件)」様式も、条件の帰結を共有した表現で、いわずともわかるという深い相互理解のうえに成り立っている。特徴〈B〉の「固定化、形式化がみられず、具体的である」ということも、沖縄の挨拶ことばが実質的なコミュニケーションの役割を果たして交わされていることを意味する。これは、密度の濃い人間関係が基盤にあればこそである。

以上のように、沖縄の挨拶ことばの基底には相手との一体化・同一化の志向が見て取れる。ソト(他者)と同化するということは、ウチ意識の拡大であり、その拡大されたウチ意識に支えられているのが沖縄共同体社会といえよう。

参考文献

内間直仁（一九九〇）『沖縄言語と共同体』社会評論社

内間直仁（一九九四）『琉球方言助詞と表現の研究』武蔵野書院

仲宗根政善（一九八三）『沖縄今帰仁方言辞典』角川書店

日本放送協会(編)（一九七二）『全国方言資料第10・11巻　琉球編Ⅰ・Ⅱ』日本放送出版協会

第五章　ことばのふるさとを歩く

ことばは地域の人々の暮らしとともにあり、地域の生活文化を映し出す鏡ともいえる。日々の暮らしとともにことばも徐々に変化して行く。ここでは沖縄本部町瀬底《せそこ》方言を中心に、生活文化を垣間見せるいくつかの語を取り上げ、その語の素性、いわゆる語の成り立ちについてみてゆく。いずれ使われなくなる可能性も高いので、惜愛の念もこめたものが多い。興味の赴くままに取り上げたので、順序もそうなっている。

1　ナフヮ（那覇）

瀬底方言では「那覇」をナフヮという。ナフヮの語源については、小玉（二〇〇七）の「おきなは（うちなー）の語源について」のところで、諸説を広く簡潔に紹介している。諸説ある中で、今の段階では、伊波（一九四二）で示した「漁場《なは》」説がより妥当であると考える。奈良時代にはナは「魚」の意味も表す。その点でナを「漁」とする見方は妥当であろう。一方、ハは奈良時代には「はた、へり」の意味は認められるが、「場」の意味は見出せない。しかし、伊波（一九四二）で述べているように、ニハ（庭）はニ（土）とハ（場）からできていると考えられ、また瀬底方言でもアラバー（荒れはてた所）、マットーバ（まっすぐ物、所）などのバーはハの変化したもので、このハは「場」を表す。これからすると、ナフヮの語源はナフヮ（漁場）と解するのが妥当であろう。

2　ウキナー（沖縄）

沖縄のことを瀬底ではウキナーという。ウキナーの語源については、すでに述べたように、小玉（二〇〇七）で諸説を広く紹介している。伊波（一九二七）では、オキナハという名称には「大きな又は広ナハ」というほどの意味があると推定しているが、語源としては「沖漁場《おきなは》」としている（伊波　一九四二）。ウキナーはその前はウキナフヮと発音されていたであろう。それはウキとナフヮからなり、ナフヮはすでに述べたようにナフヮ（漁場）と解される。ウキはオホキ（大）であろう。オホキ→オーキ→オキと変化したものと考えられる。『おもろさうし』に「おきおほち」（大大父。祖父、祖先）、「うきはわ」（大母。祖母）がみえている。また現在の宮古長浜方言ではウクシュー（大主。祖父の兄）、ウクンマ（大あも。祖父の姉）、ウクアザ（長兄）、ウクアニ（長姉）など、ウク（大）が用いられている。これからすると、ウキナーはオホキナフヮ（大漁場）が語源と解される。最初は一部地域の名称としてナフヮが用いられていたのが、やがてその上にウキ（大）をかぶせて沖縄全体を指す名称としたものであろう。ちなみに「おきなわ」がはじめて文献にみえるのは『唐大和上東征伝《とうだいわじょうとうせいでん》』（七七九年）の「阿児奈波」で、「りゅうきゅう」は『隋書』（六三六年）の「流求」が初出であるといわれている。

3　シーク（瀬底）

瀬底のことを瀬底の人はシマー（島）といって、決してシークまたはシスクとはいわない。シーク、シスクはよその人々が瀬底を称するときに使うことばである。瀬底の人が「シマーンガティ　ケーユン」（島へ帰る）というときのシマーには、瀬底島という意味とともに瀬底の村という意味もこめられている。シマーには島の意のほかに村、故郷の意味もあるからである。

さて、そのシマーからは瀬底の語源は辿れない。だとすれば、次の手掛かりはよその人々が瀬底を称するときに使うシークまたはシスクということばである。瀬底の対岸の浜崎や渡久地の人々は瀬底をシークという。このシークはシスクの変化したものであろう。シスク→シシク→シークの変化である。

では、シスクとはどういうことばであろうか。シスクのもとはセスクで、これはセとスクからなり、セは「瀬」であろう。海中にあって平らに続いている珊瑚礁の岩(リーフ)をいう。瀬(リーフ)をヒシーともいう。スクはウチグシク(瀬底の聖地)のシク、または沖縄全域に分布するグスクのスクであろう。沖縄のグスクは「神の居所であり、聖地」であり、「村共同体の拝所」であるという(仲松 一九九三)。グスクはグとスクからなり、グは「石」を表すとみる見方がある(仲原・外間 一九六七)。スクは従来からいわれているように、上代中央語の「磯城《しき》」(石でつくった祭壇)につながる語であろう。『おもろさうし』には「しけ」(聖所、神の在所)とでている(仲原・外間 一九六七)。この上代中央語の「しき」、オモロ語の「しけ」、あるいは現在の拝所としてのグスクのスク、セスクのスクも同系統の語と考えられる。瀬底のニーヤ(根屋)はウフジュクという屋号であるが、これもオホスクで、もとは「大いなる聖所、大いなる神の在所」の意味だったと解される。

このようにみてくると、瀬底の語源はセスクで、セは「瀬」で、スクは「聖所、神の在所」となり、「聖なる瀬、神の在所である瀬」という意味で名付けられたものと解される。そこで改めて瀬底の命名の変化過程を示すと、セスク(神の在所である瀬)→シスク→シシク→シークのようになる。「瀬底」という表記は、恐らくシスクに当てられたものであろう。文字表記するに際して本土中央語になおそうとして、シは中央語では「せ」、スクは「そこ」となるから、そこで「瀬底」の表記を当てたものと考えられる。東恩納寛惇著『南島風土記』に「海東紀所収地図世々九に作る。同書泳島(伊江島)の南に獅子島と注するもの瀬底島の事なるべし」とあるが、この「世々九」

はシシクを中央語になおそうとして誤って当てた表記であろう。「獅子島」もシシクのシシを文字表記する際に当てた当て字であろう。瀬底の語源をシは「岩」、スクは「城、村」で、「岩村」の意味だとする見方があるが（宮城 一九九二）、スクに対する言語学的な考察が不十分で、その結果「村」という語に結びつけてしまった憾みがある。

4　ナキジン（今帰仁）

今帰仁村のことを、瀬底ではナキジンという。高校の頃、「今帰仁」と書いてなぜ「なきじん」と読むのか、疑問に思ったことがある。伊波（一九三八）では、『海東諸国紀』の「琉球国の図」に記載されている「伊麻奇時利《いまきじり》」やオモロにあらわれる「みやきぜん」なども勘案しながら、今帰仁の名の由来を「新来者統治《いみやきじり》」とし、新来者の支配した地域、すなわち大和よりの侵入者を中心として組織された地域であったと考えている。そして末尾「じり」は上代語の「領《し》り」に対応するものであり、「統治する。支配する」意を表すとしている。島尻の「尻」も当て字で、「領り」に対応するとみる。「新来者統治《いみやきじり》」が「なきじん」になるのは、音韻的には問題がないが、新来者の支配した地域という歴史解釈も加わっていて、その歴史的なことについての検証は今後の課題となるであろう。

5　トゥグーチ（渡久地）

渡久地は本部町の行政中心地である。瀬底ではトゥグーチという。トゥグーチは交通機関がさほど発達していなかった昭和三〇年代頃から、町内の商業中心地として発達し、盆や暮れなどには買い物客で混雑するほどであった。渡久地港は伊江島や水納《みんな》島、伊平屋《いへや》など周辺離島と結ぶ渡船の発着港でもあり、また鰹などを釣る漁船の出入りでも賑わいを見せた港である。
トゥグーチのトゥは「海」の意で、トゥケー(「渡海」に対応。海、海洋)、トゥナカ(「渡中」に対応。沖合)などの語の構成要素にもなっている。グーチは「口」の意である。したがって、トゥグーチは「海洋への出入り口」という意味で、それが渡久地港を中心とした一帯の地名となっている。トゥグーチは「渡口《とぐち》」に対応する語であるが、「渡中」に対応するトゥナカ(沖合)も含めて重箱読みになっているところが興味深い。

6 ビーマタ(名護市為又)

名護市の名桜大学のある一帯をビーマタという。ビーマタになぜ「為又」の文字を当てるのかこれまでさほど考えずに過ごしてきたが、名桜大学と関わるようになってから、ふと疑問に思うようになった。ちょうどその時期に、宮古・八重山方言でワ行子音がb音になる現象について考察を進めている頃でもあった。例えば宮古平良《ひらら》市方言では、バン(私)、ブトゥ(夫)、八重山石垣方言でもバヌ(私)、ブトゥ(夫)などのようにいう。この現象は、ごく簡単に結論のみをいえば、琉球方言における五母音の三母音化に伴う調音器官の狭まりによるものである(内間二〇〇四)。ワ行子音のb音化は、宮古・八重山方言ほどではないが、沖縄方言でもみられる、例えば沖縄北部国頭村奥や辺野喜《べのき》などではビー(藺草《いぐさ》)、ビーン(座る)などの語がみられる。「藺草」の「藺」は上代語ではワ行の「ゐ」であり、「座る」も「ゐる」である。

これらのことからすれば、ビーマタは「ゐまた(藺又)」に対応するものと考えられる。ビーマタ一帯は以前藺草を栽培していたようである。いわゆるビーマタは「藺草の谷間」という意味で名付けられた地名と考えられる。

7　ミンバーリ、フシンバーリ、ウインバーリ、シチャンバーリ

瀬底の集落を南北に分けて、南側をミーンバーリ、北側をフシンバーリという。またミンバーリを東西に分けて、東側をウインバーリ、西側をシチャンバーリという。これらの語は「ミー・ンバーリ」「フシ・ンバーリ」「ウイ・ンバーリ」「シチャ・ンバーリ」と分析される。前半は、それぞれミー(新)、フシ(腰、後)、ウイ(上)、シチャ(下)であろう。ミーとフシは、ウイとシチャのように対をなし、ミーは「前」、フシは(後)と解したこともあるが(本部町立瀬底小学校　一九九二)、「前」はメーにはなるが、ミーにはならない。このミーは上代語の「にひ」(新)に対応する語であろう。上代語のニがミになる例は琉球方言でみられる。上代語に「にひし」(新しい)もあり、瀬底方言にはミーシェーン(新しい)がある。したがって、ミー(新)とフシ(後)が対となっているものと考えられる。

次に、後半のンバーリのバーリは、かつて上代語の「墾《は》り」(新しく土地をひらく)に対応するものと解したこともあるが(本部町立瀬底小学校　一九九二)、これはやはり「村かれ」(伊波　一九四二)とした方が妥当であろう。上代語に「かる」(離る)があり、その連用形「かれ」が「村」について「村かれ」となっている。類似するものとして上代語に「あかる」(分散する)があり、瀬底方言にもアカリユン(子豚などが乳離れする)がある。そこで、集落を四つに分けた名称の一つのミンバーリは、ニヒムラカレ(新村かれ)→ミームラカリ→ミーンバハリ→ミーンバーリと変化したものであろう。ミームラがミーンバになるのは、ンが唇を閉じたンで、その唇を閉じたンの影響で次のラがバになったものと解される。こうしてできたンバカリはンバハリとなり、ハの子音が脱落してンバーリとなっている。このンバーリがフシ(腰、後)、ウイ(上)、シチャ(下)につくと、前述のフシンバーリなどの名称ができることになる。

瀬底の村落発祥の地は、ウチグシク(島の東南の御嶽)といわれている。そこから西側に新しく拓《ひら》けた村落をミーンバーリ、ミンバーリの北側に拓けた村落をフシンバーリ、またミーンバーリは中道を挟んでその東側をウインバーリ、西側をシチャンバーリと称したものと解される。

8　キムグリーシェーン(気の毒、かわいそう)

キムグリーシェーンは「きもぐるし」(肝苦し)にほぼ対応する。相手の見るに忍びない状況に対して、こちら側のきも(肝、心)が苦しくなるほどに痛むという意である。相手の痛みをわが痛みとする心がそこにはみられる。上代語に「きもぐるし」は見当たらないが、「こころぐるし」(心苦し)は見出せる。この「心苦し」は「相手の様子を見て、自分の心も狂いそうに痛むのが原義」(大野他 一九七四)だという。キムグリーシェーンは意味的にはこの「心苦し」に相当する。一方現代中央語(共通語)の「心苦しい」は、世話になったり迷惑をかけたりして、それに報いなければ相手にすまなくて心に負担を感じる場合の気持ちを表す語である。上代語の「心苦し」の持つ「胸がつまる。心も狂いそうである」という痛みの共有の意味は現代中央語の「心苦しい」にはみられない。したがってキムグリシェーンをキム(肝、心)とグリーシェーン(苦しい)の複合語とみて、意味も「心苦しい」とすると、妥当性を欠くことになる。

そこで、現代中央語でキムグリーシェーンの意味にほぼ相当する語を探してみると、「気の毒」とか「かわいそう」などしか見当たらない。上代語の「心苦し」の意味は、現代中央語では他人の苦痛などについてともに心配したりあるいは同情したりすることを表す「気の毒」「かわいそう」などの語が代替しているといえよう。ただし、「気の毒」という語もキムグリーシェーンの表す相手の痛みをわが痛みとする心を表す語としてはまだしっくりこないところがある。「気の毒」には相手の痛みをまだ多少突き放して相対的に表現しているところがある。「気の毒」は、室町時代では「自分の心を痛める種となるもの。当惑する事。迷惑な事」（大野他 一九七四）の意味で用いられ、「気の薬」と対をなしている。これからすると、もとは相手を慮って痛みを共有するというよりは、自分の側に中心を置いた表現といわざるをえない。そのもとの意味が今もなお多少影響を及ぼしていて、突き放した感じを与えるものと解される。「かわいそう」も、相手の痛みをわが痛みとして表す語としては「気の毒」と同様しっくりこないところがある。それもそのはずで、「かわいそう」の「かわい」と深く関係する鎌倉時代の「かはゆし」は、「かわいそうで見ていられない」の意も表すが「恥ずかしさで顔がほてる感じだ」が原義である（大野他 一九七四）。「かはゆし」が「かははゆし」（恥ずかしさなどで顔がほてる感じだ）の転、「かははゆし」は「かほはゆし（顔映ゆし）」の転という変化からすれば、その原義がよく把握される。したがって、「かわいそう」ももとは相手を慮って痛みを共有するというよりは、自分の側に中心を置いた表現といわざるをえない。

そうなると、キムグリシェーンにもっとも近い意味を表すのは、上代語の「心苦し」であり、その意味をほぼそのまま表す語は現代中央語では見出しえないということになる。キムグリーシェーンは、相手に同化し、相手の痛みをうけてわがキム（肝、心）も痛むという意を表す語である。キムはキムイチャーシェーン（肝痛し。心が痛い、痛々しい）、キムヤミ（肝病み。心が痛むこと）、キムジュラーシェーン（肝清らし。心が美しい）、キムヤフワラシェーン（肝やわらかし。気立てがやさしい）など多くの複合語及びキムン キムナラン（肝も肝ならず。心も心ならず）、キム トゥイシジミーン（肝を取り鎮める。心を落ち着ける）など多くの慣用句を作って用いられている。

9　アタラシェーン（惜しい、大切である）

瀬底方言にはアタラシェーン（惜しい、大切である）という語がある。「ウヤヤ　アタラササンネー　ナランロー」（親は大切にしないといけないよ）という。アタラシェーンは上代語の「あたらし」（惜しい、大切である、もったいない）にほぼ対応する。一方、瀬底方言にはミーシェーンという語もある。これは上代語の「にひし」（新しい）にほぼ対応する。上代語にはほかに「あらたし」（新しい）もある。平安時代になると、この「あらたし」（新しい）と「あたらし」（惜しい）が混同を起こし、「新しい」はもっぱら「あたらし」が表すようになったらしい。現代中央語でも新の意味を表す語は「あたらしい」である。瀬底方言では、上代語の「あたらし」（惜しい）と「にひし」（新しい）にほぼ対応するアタラシェーンとミーシェーンが用いられている。

10　ハナーシェーン（いとしい、愛らしい）

ハナーシェーンは「いとしい、愛らしい」意を表す。これは上代語の「かなし」（いとしい、悲しい）にほぼ対応する語である。「かなし」は、現代中央語では「悲しい」となっていて、「いとしい」の意味はないが、上代語の「かなし」は「自分の力ではとても及ばないと感じる切なさを言う語」（大野他 一九七四）であるから、基本的にはいたく心が動かされる状態を表す語で、それが具体的場面では「いとしい」意味に、あるいは「悲しい」意味になったりするのであろう。瀬底方言のハナーシェーンは、もっぱら対象を切なる心でとらえた「いとしい」または「愛する心の状態」を表す語で、ほぼ上代語の基本的な意味に近く用いられている。「ウヤヤ　イチナティン　ハナーシェーンロー」（親はいつになってもいとしいよ）、「トジックヮ　ハナガナートゥ　クラチーン」（妻子と睦まじく暮らしている）などのように用いる。

ハナーシェーンはキム(肝、心)やキムチャ(肝痛、心が痛い)と結合してキムガナーシェーン(肝かなし、心が掻き立てられるほどにいとしい)、キムチャガナーシェーン(肝痛かなし、心が痛みいいようもなくうら悲しい)などの複合語をつくる。その時には、ハナーシェーンはその音韻変化前のカナーシェーンとなり、複合するに際して語中でガナーシェーンとなっている。キムガナーシェーンの場合のカナーシェーンは「いとしい」意を表し、キムチャガナーシェーンの場合のカナーシェーンは「悲しい」意を表すところからみれば、カナーシェーンに対象を切なる心でとらえる心の状態を表す意が読み取れる。それがキム(心)やキムチャ(心が痛い)などの修飾語を取ってより具体化されると、「いとしい」とか「悲しい」などの意があらわれてくるものと解される。

11　ナチカシェーン(悲しい)

瀬底方言で「悲しい」はナチカシェーンという。「ウヤー　ウランナティ　ナチカサヌ」(親が亡くなって悲しい)、「ウヤチョーレートゥ　トゥーク　フヮナリティ　ナチカシェーン」(親兄弟と遠くはなれて悲しい)などのように用いる。これは上代語の「なつかし」(心ひかれて離れがたい)にほぼ対応する。現代中央語では「なつかしい」となっているが、「なつかしい」には「(主に過去の事物や久しく会わぬ人に対して)心ひかれて、離れがたい、慕わしい」などの意はあっても、「悲しい」という意味は表さない。

一方、瀬底方言では「離れがたい」意を基にして、やむをえず別れざるをえないときに起こる心の悲しみをナチカシェーンと表現している。那覇方言にもナチカサン(悲しい)がある。ナチカシェーンはキム(肝、心)と結合して、キムナチカシェーン(肝懐かし、うら悲しい)という表現もつくっている。

では、琉球方言では「懐かしい」を表す語はどうなっているかをみると、首里方言にアナガチサンがある。しかし、瀬底方言や那覇方言では見出しえない。

12　アニガー

瀬底はかつて水にも苦しんだ島である。水道はもちろんのこと井戸もなかったがために、飲み水はもっぱら天水に頼る生活が続いた。瓦屋根の庇に樋をかけて雨水を集め、それを貯水するものとして使われたのがアニガーである。セメント造りで、結構な量の水を蓄えたが、日照りが続くと底をつく場合もあった。一九八二年(昭和五七年)本島との間に海底送水管が敷設されるようになってからは、水による不自由な生活も解消されている。

このアニガーは今帰仁方言ではアナーガーといい、屋敷内にある池を指すらしい(仲宗根 一九八三)。国頭村奥や辺野喜などではアナガーは井戸のことをいう。この語は「穴川」に対応する語であろう。瀬底には川はないが、「かは」(川)の変化したハーがある。ハーは「池」を指し、クンリミチガー(クンリミチという場所にある池)、ニシバルガー(ニシバルという場所にある池)、ケーガー(飲み水となる池)などのように使われている。瀬底ではアニガーはほとんど使われなくなり、それに伴ってその語もいずれ消滅するであろう。

13　親族語彙

(1)　父

瀬底方言で、「父」はジッチャーという。これは「ちち(父)ア(人、ものを表す接尾語)」からなる。「祖父」はスンメー、「曾祖父」はウフスンメーという。スンメーは「しゅ(主)の前」に対応する。メー(前)は尊敬を表す接尾辞である。これにさらに尊敬を表す「おほ(大)」に対応するウフがついたのが「曾祖父」のウフスンメーである。

那覇方言では「父」はターリー、スー、チャーチャーなどが用いられている。ターリーは中国語からの借用で「ターレン(大人)」の変化したものである。首里や那覇では士族階級が用いた。スーはすでに述べたように「主」に対応するもので平民が用いた。チャーチャーは「ち(父)ア(人、もの)」の変化したチャーを二つ重ねたもので、平民が用いた。現在はターリ、スーが用いられている。宮古、八重山では「親」に対応するイヤ(与那国)、イゥヤ[ia](宮古)などが「父」を表す語として用いられている。次に述べる「母」を表す語に比較して、「父」を表す語の種類が多いのは、「父」に向ける関心が強かったことを意味する。一三世紀頃に伝来したとされる儒教が比較的定着した時期に起きた言語現象であろう。

那覇方言では「祖父」はタンメー、「曾祖父」はウフタンメーという。タンメーは「ターレン(大人)」に尊敬接尾辞のメー(前)のついた「ターレン前」の変化したものである。それにさらに尊敬接頭辞のウフ(大)がついたのが「曾祖父」のウフタンメーである。

(2)　母

瀬底方言で、「母」はアンマーという。これは「あも(母。上代東国語)ア(人、もの)」からなる。「祖母」はブッパー、「曾祖母」はウフブッパーという。ブッパーは「おほふゎふゎ(大母)」に対応する。語頭のブ(大)は尊敬を表す接尾辞である。これにさらに尊敬を表す「おほ(大)」に対応するウフがついたのが「曾祖母」のウフブッパーである。ウフブッパーは「おほおほふゎふゎ(大大母)」に対応する。ウフブ(大大)でより尊敬度を増している。

那覇方言でも「母」はアンマーという。士族階級ではアヤーといった。これは「あおや(吾親)」の変化したものといわれている(伊波一九三四年所収の「語音翻訳釈義」参照)。

（3） おじ（小父）、おば（小母）

「おじ」はウジャサーまたはウンチュー、ウンチュウグヮーという。ウジャサーは「をぢ（小父）アサ（父）」からなる。アサは『おもろさうし』では「親」の意で用いられているが、もとは「父」を表す語と考えられる。与那国方言ではアサ（祖父）とこれに「思い」に対応するウミ（愛する。尊敬接頭辞）がついたウミアサ（曾祖父）が用いられている。アサは「ア（吾）セ（背）ア（者）」からなるとみる説がある（中本 一九九二）。セ（背）は上代語の「せ」（姉妹からみた兄弟を指す語）に対応するとみる。これも一つの見方であるが、『おもろさうし』や与那国方言などにおける用法をみてゆくと、アサは「ア（吾）シ（父）ア（者）」からなるとみた方がより妥当であろう。シ（父）は上代東国語の「あもしし」（母父）の「しし」（父）と同源の語であろう。一方、ウンチューは「をぢ（小父）ふぃと（人）」に対応する。概してウジャサーは指称、ウンチューは呼称として用いられる。

「おば」はウバマー（指称）、バシー（呼称）という。ウバマーは「をば（小母）あも（母。上代東国語）ア（人）」からなり、バシーは「をば（小母）こ（子。指小辞）おもひ（思い。親愛の接尾辞）」からなる。バシーは那覇方言ではバーチーという。

参考文献

伊波普猷（一九二七）「隋書の流求についての疑問」（『伊波普猷全集』第2巻　平凡社　所収）

伊波普猷（一九三八）『あまみや考』（『伊波普猷全集』第5巻　平凡社　所収）

伊波普猷（一九四一）「中村渠考」（『伊波普猷全集』第4巻　平凡社　所収）

伊波普猷（一九四二）「沖縄考」（『伊波普猷全集』第4巻　平凡社　所収）

内間直仁（二〇〇四）「古代日本語のワ行子音の[b]音化について――宮古・八重山方言を中心に――」『国語学』第55巻2号　国語学会(現　日本語学会)
内間直仁・新垣公弥子（二〇〇〇）『沖縄北部・南部方言の記述的研究』風間書房
内間直仁・野原三義(編著)（二〇〇六）『沖縄語辞典――那覇方言を中心に――』研究社
大野　晋・佐竹昭広・前田金五郎(編)（一九七四）『岩波古語辞典』岩波書店
金城朝永（一九七四）『金城朝永全集　上巻』沖縄タイムス社
小玉正任（二〇〇七）『琉球と沖縄の名称の変遷』琉球新報社
上代語辞典編集委員会(編)（一九六七）『時代別国語大辞典　上代編』三省堂
瀬底誌編集委員会(編)（一九九五）『瀬底誌』
仲宗根政善（一九八三）『沖縄今帰仁方言辞典』角川書店
仲原善忠・外間守善(編)（一九六七）『おもろさうし辞典総索引』角川書店
仲松弥秀（一九九三）『うるまの島の古層』梟社
中本正智（一九八一）『図説琉球語辞典』力富書房金鶏社
中本正智（一九九二）『日本語の系譜』青土社
東恩納寛惇（一九五〇）『南島風土記』沖縄文化協会・沖縄財団(『東恩納寛惇全集　7』第一書房　所収)
外間守善（二〇〇二）『沖縄学への道』(岩波現代文庫)　岩波書店
宮城真治（一九九二）『沖縄地名考』沖縄出版
本部町立瀬底小学校(編)（一九九二）『瀬底小学校創立百周年記念誌』

第六章　琉球方言における可能表現

はじめに

琉球方言の可能を表す語について、本土中央語と比較しながらみてゆく。可能は、概していえば「何々しようと思えば、その実現についてさまたげるものはない」(寺村 一九八二)ととらえてよいであろう。

中央語の可能表現は自発可能といわれている。すなわち「自発」を基にして「可能」の用法も、また「受身」「尊敬」の用法も成立しているといわれている。琉球方言の「可能」も基本的には同じであるが、多少違うところもある。以下そのことについてみてゆく。

1　ナイン[naiŋ](なる、できる)

中央語の「なる」には、「自発」「可能」「尊敬」の意味があるが、その基本的な意味は「自発」であり、それを基にして「可能」「尊敬」の意味もあらわれるという(荒木 一九八五)。「自発」というのは「動作・作用・状態の自然展開的・無作為的な成立」をいう(大野他 一九七四)。すなわち主体の意志とは関係なく、自然の成り行きとして、ある状態または事態が成立することをいう。

親無しに汝《なれ》なりけめや（おまえは親なしで生まれたのだろうか（いやそのようなことはないだろう））（日本書紀巻二十二）

実がなる。

大人になる。

などがその例である。

「なる」には、「可能」の意味を表す用法もある。

なせばなる。

ならぬ堪忍するが堪忍。

辛抱がなるほどならば、

などがその例である。

「可能」の意は、「自発」を基本としているということについて、「農民が多数を占めた日本では、可能を、人間の技術や闘争によって獲得するものと見るよりも、自然に随順し、自然の運行の中から結果が湧き出てくるものと把握した。それゆえ、日本には自然の成り行きによる成就をよしとする風が厚く、ものごとが可能となるのも、人為・努力によるとするよりも、自然に成立・出現することと考えた」（大野他 一九七四）といわれている。

「なる」には、また「尊敬」の意味を表す用法もある。

お読みになる。

ご覧になる。

などの「お〜なる」「ご〜なる」形式やあるいは高貴の人のおでましを「おなり」という例などがそれである。

これについても、「元来日本人の尊敬の観念は、最も根底的には恐怖にはじまるものである。恐怖の対象に対しては、それに触れずにそれから遠ざかろうとする。つまり雷神・天皇などに対しては自ら積極的に関与することは恐怖を伴う。さもなくとも、礼を失することとされる。それ故、それに対しては遠ざかって相手のなすままに任せ、すべては自然の成り行きであるとして、自らは手をつけない」「従って、恐怖・畏怖の対象でない人間に対する場合でも、その相手の行為をそのような恐怖の対象に対すると同じく、手を加えないものとして、また自然の成り行きであるとして表現すること」であり(大野他 一九七四)、これがとりもなおさず相手に対する尊敬の意の表現になっているとみられている。「尊敬」の意味も「自発」が基盤となっていることについては、以上の説明で十分であろう。

このように「なる」の表す「可能」は、主体の意志・能力・努力によるものというよりは、自然の成り行き、全体の状況によって自ずからそうなるとみる見方が根底にあるといえよう。

次に、琉球方言の「ナイン [naiŋ]」(なる、できる)の用法についてみてみよう。用例は沖縄本島北部本部町瀬底《せそこ》方言である(以下、特に断らない限り用例は瀬底方言)。

「ナイン」も基本的には中央語と同じく「自発」を表す。

ナイヌ ナイン [nainu naiŋ] (実がなる)

クニーブヌ ナイン [kuniːbunu naiŋ] (みかんがなる)

ウフッチュ ナイン [ʔuɸutʧu naiŋ] (大人になる)

などがその例である。「実がなる」「大人になる」などは、主体の意志には関係なく自ずからそうなることで、まさに「自発」である。「キーヌ ナイ」(木の実)、「バサナイ」(芭蕉の実。バナナ)などと、「実」を「ナイ」(「成り」に対応）ということが「自発」をよく表している。

沖縄の諺に、「ナンクル　ナイン」（自ずからなる。ひとりでになる）というのがある。難題を抱えたり、ものごとに行き詰まったりした場合などに、「ナンクル　ナイサ」（焦らずとも、自ずからなるさ。なんとかなるさ）などという。「ナンクル」の「クル」は「〜自身」を表す接尾辞である。これは上代語の「それ自体。それ自身。また、自然の成り行き」の意を表す「ころ」（大野他　一九七四）につながるものであろう。この接尾辞の「クル」は、「ワンクル」（私自身）、「ルークル」（自分自身）、「ッヤンクル」（君自身）、「ウンジュクル」（あなた自身）などのように、「ワン」（私）、「ルー」（自分）、「ッヤー」（君）、「ウンジュ」（あなた）の代名詞や人を表す語などと結合して用いられている（内間・野原　二〇〇六）。これからすると、「ナンクル」の「ナン」は沖縄本島方言などにみられる代名詞「ナン」（あなた）と同系の語であろう。沖縄北部本部町瀬底方言では二人称代名詞に「ナ、ナン」が用いられている。これは上代語の「な、なれ」に対応し、「あなた。親しい目上の人を指す」のに用いられる。上代語の「な」は一人称にも用いられている。この上代語の一人称と二人称を明確に区別しない用法が、「なれ」に対応する「ナン」にも下地としてあり、これが接尾辞「クル」と結合して「それ自ずから。ひとりでに」の意を表すようになったのが「ナンクル」であろうと解される。「ナンクル　ナイサ」（なんとかなるさ）は「ナンクル」と「ナイン」の意味がうまく呼応し、沖縄の楽観的な、おおらかな一面をよく表す表現となっている。

「ナイン」は「可能」の意も表す。

ワーガン　ナイン　[wa:gan naiŋ]（私もできる）

タルーガ　ナイガ　[taru:ga naiga]（誰ができるのか）

アンチヤ　ナラン　[ʔantʃija naraŋ]（それではできない。それではいけない）

などがその例である。「なる」の可能用法は、現代中央語(共通語)ではあまり一般的でないのに対し、琉球方言の「ナイン」の可能用法はごく普通に用いられている。琉球方言においても、ものごとが可能となるのは、自然の成り行き、全体の状況で自ずからそうなることととらえていることがこれでわかる。

「ナイン」には「尊敬」の意の用法はない。これは沖縄社会の横のつながりを重視した人間関係を反映したものといえよう。人間関係における上下意識は年齢差に基づいているが、それも親愛などの横の人間関係を基盤に成り立っている。

さて、『おもろさうし』には「なりきよ」(成り子)という神女がみえている。たとえば、七三四番のオモロには次のように謡われている。

一　きこゑきみかなし
　　いけな　なりかわて
　　しよりもり　おれわちへ
　　なさいきよもいに
　　しまか　いのち　みおやせ
又　とよむきみかなし
　　なりきよ　おれわちへ
　　またまもり　おれわちへ
又　さしふ五ころに
　　すへとめて　おれわちへ

又　むつき五ころに
　みまふてす　おれたれ
又　なさいきよもい　あちおそい
　およりとて　おれわちへ
又　あか　かいなで　あちおそい
　みふてす　おれたれ
又　てるかはか　うさししゆ
　此　きらに　おれわちへ

［訳　名高いきみかなし神女が（神となって、神の憑依する）いけな・なりきよ神女に成り変わり、天降《あまくだ》りし、首里杜・真玉杜に天降りし給いて、父なる国王様に島の命を奉れ。（神の憑依する）五人のさしふ・むつき神女に霊力をもとめて、見守るためにこそ天降りしたのだ。父なる国王様のためにと天降りし給い、わが敬愛する国王様を見守って天降りし給う。太陽神のお指図で、この吉日に天降りし給う。］

この「なりきよ」（対語「いけな」）の「なり」は「成り」で、その命名からして「なりきよ」は巧まずして自ずから神になりうる霊能力を持った神女と解される。久高島の「イザイホー」（一二年に一度、午年におこなわれる祭り）で、神の霊力を受け継いで神女となった女性たちを「ナンチュ」（成り子）というが、これはオモロで謡われる「なりきよ」につながるものであろう。祖霊信仰の厚い沖縄の神女名に「成り」ということばが使われているのは象徴的である。

すでに述べたように、「なる」の基本的な意味は「自発」である。そこから「可能」の意味も出てくる（自発可能)。日本文化では、主体の意志・能力・努力だけによってものごとが可能になるのではなく、それに加えて周囲あるいは全体の状況も合わさってものごとが達成されるという見方がある。沖縄においても同じであることは、「ナイン」の用法をみてもわかる。ただし「ナイン」には中央語の場合と違って「尊敬」の意が認められないのは、沖縄社会の横のつながりを重視した人間関係を反映したものと解される。

2 リーン[riiŋ](れる)

現代中央語(共通語)の助動詞「れる、られる」には、「自発」「可能」「受身」「尊敬」の用法があることはよく知られている。

自発 故郷の母の顔が思い出される。
これが原因とは思われない。

可能 この写真ででも、君のかつてのやんちゃぶりは想像されるよ。
この高さからは、とても下りられない。

受身 雨に降られる。
子供に泣かれる。
親に死なれた。
あいつは女房に逃げられた。

尊敬 校長先生は東京に行かれた。

これらの中で、「自発」が基本的な用法で、「可能」「受身」「尊敬」はそれを基にしているということについてもすでに指摘されている（大野 一九七八、荒木 一九八五など）。たとえば、「可能」でいうならば、「君のかつてのやんちゃぶりは想像されるよ」というのは、「想像できる」ということであるが、その基底には「この写真を見ると、やんちゃぶりは自ずと思い浮かぶ」ということで、「自発」が深々と横たわっている。「受身」「尊敬」にしても、主体の意志とは関係なく事態が自ずからそうなるという意がその基底に認められる。

これからすると、すでに荒木（一九八五）などで述べられているように、「れる」「られる」の表す「可能」「受身」「尊敬」も、主体の意志によるものというよりは、自然の成り行き、全体の状況によって自ずからそうなるとみる見方が根底にあるといえよう。

この現代中央語の用法を踏まえながら、次に琉球方言の「リーン」（れる）の用法についてみてみよう。「リーン」は次のように用いられる。

自発　ムカーシ　ウビジャサリーン　[muka:ʃi ʔubiʤasari:ŋ]（昔が思い出される）
ナマヤ　ヌーン　クトゥン　ウマラン　[namaja nu:ŋ kutuŋ ʔumaraŋ]（今は何のことも思われない。今は何も考えられない）

可能　ウヌ　ミジヤ　ヌマリーン　[ʔunu miʤija numari:ŋ]（この水は飲まれる。この水は飲むことができる）
ヨンナー　ヨンナー　アッカリーン　[jonna: jonna: ʔakkari:ŋ]（ゆっくりゆっくり歩かれる。ゆっくりゆっくり歩くことができる）

受身　アミネー　フイクミラリーン　[ʔamine: ɸuikumirari:ŋ]（雨に降りこめられる）
ウヤネー　アチカラリーン　[ʔujane: ʔaʧikarari:ŋ]（親に叱られる）
チューネー　シカラリーン　[ʧu:ne: ʃikarari:ŋ]（他人に使われる）

「リーン」の場合も「自発」が基本的用法である。それを基盤に「可能」「受身」の用法も出てくる。「ウヌ ミジャ ヌマリーン」（この水は飲むことができる）というのは、我の意図とは関係なく、水が自ずからその性質を保持しているからこそ「飲む」ことを可能にしているのであり、「ヨンナー ヨンナー アッカリーン」（ゆっくりゆっくり歩くことができる）というのも、悪かった体が回復して自ずからもとの状態に戻ったからこそ可能なのである。「受身」にしても、我の意図せざるところでいつのまにか、「アミネー フイクミラリーン」（雨に降りこめられる）、「ウヤネー アチカラリーン」（親に叱られる）、「チューネー シカラリーン」（他人に使われる）という事態が成立していたということで、これも「自発」が基盤となっている。ただし、「ナイン」の場合と同じように、「リーン」の場合も「尊敬」の用法は見出しえない。これも沖縄社会の横のつながりを重視した人間関係を反映したものといえよう。人間関係における上下意識は年齢が上か下かに基づいているが、それもすでに述べたように親愛などの横の人間関係を基盤に成り立っている。

以上のように「ナイン」と同じく「リーン」の場合も、「自発」を基盤に「可能」「受身」の用法が出てくることがわかる。

3 アシライドゥシゥ [aʃiraidusi]（せられぞす。できる）

琉球方言の中で主に宮古方言で用いられる「アシライドゥシゥ」は、直訳すれば「せられぞす」となり、中央語の「せられる」または「される」にほぼ対応する。「アシ」は「アシゥ [asi]」（する）の未然形、「ライ」は「ライイゥ [raii]」（られる）の連用形、「ドゥ [du]」は係助詞「ぞ」にあたるもの、「シゥ [si]」は「アシゥ」（する）の連体形である。「アシゥ」（する）の連体形は終止形と同形の「アシゥ [asi]」（する）であるが、この場合は「シゥ」

となっている。

ただし意味の面では、「アシライドゥシュ」は「できる」(可能)を表すが、中央語の「せられる」「される」には受身または尊敬の意味はあっても、可能の意味は見出しえない。

アンマイ　アシライドゥシュ [ammai aʃiraidusï] (私もできる。宮古大神島方言)

ッヴァ　アシラインナ [vva aʃirainna] (君はできないのか。宮古大神島方言)

シライルッシュ [ʃirairussï] (できる。宮古下地町上地方言)

宮古方言の助動詞、「リイゥ [riï]」(れる)または「イイゥ [iï]」(れる)、「ライイゥ [raiï]」(られる)にも、すでに2項「リーン(れる)」でみてきたのと同じように、「可能」を表す用法がある。平良《ひらら》市方言では次のようになる。

ジゥーヌ　カカイイゥ [dziːnu kakaiï] (字が書かれる。字が書ける)

ウキライイゥ [ukiraiï] (起きられる。起きることができる)

カカイドゥッシュ [kakaidussï] (書かれぞす。書くことができる)

この「カカイドゥッシュ」(書くことができる)の「カカ」(書か)の部分を、大神方言や下地町上地方言などのように、サ行変格動詞の未然系「アシラ」または「シラ」(ともに「せ、する」)に置き換えて、「アシライドゥシュ」(せられぞす。することができる)または「シライルッシュ」にすると、全体で「できる」という意味になる。これにあたる表現は沖縄本島では、「サーリーン [saːriːŋ]」(される。しうる状況にある)となる。この「サーリーン」は、自然の成り行きとして「する」という行為を成り立たせる状況にあること、すなわち自発の意は表しても、可能「できる」の意味までは表しえない。

以上のように宮古方言の「アシライドゥシゥ」または「シライルッシゥ」は、自然の成り行きとして「する」という行為を成り立たせる状況にあるということが、「できる」という可能の意味まで展開していることがわかる。全体あるいは周囲の状況で物事が可能になるという見方は「なる」につながるものがある。

4　ッツン [tsˀuŋ] (できる)

与那国方言には「ッツン」(できる)という可能表現がある。

ウガ カティッツン [uga katitsˀuŋ] (この者が書くことができる)
ハヤグ ウギッツン [hajagu ugitsˀuŋ] (早く起きることができる)
ドゥミッツァヌ [dumitsˀanu] (読むことができない)
キッツン [kitsˀuŋ] (できる)

「キッツン」(できる)は、「キルン [kiruŋ]」(する)の連用形「キ [ki]」(し)に「ッツン」(できる)がついたもので、全体で「やることができる。できる」意を表す。この可能表現の「ッツン」に相当する語形は八重山方言に広く分布している(平山・中本 一九六四)。「書ける。書くことができる」の意を表す例で示す。

カキゥッシウン [kakïʃʃiuŋ] (川平《かびら》)
カキゥシシン [kakïʃiʃiŋ] (石垣、平得《ひらえ》)
カキッシン [kakiʃʃiŋ] (小浜、大浜、宮良《みやら》、西表島船浮《ふなうき》)
カキシン [kakiʃiŋ] (西表島古見《こみ》)
カイゥシェーン [kaiʃeːŋ] (新城《あらぐすく》島下地)

カイッシン［kaiʃʃiŋ］（竹富島）
ハキシシャン［hakiʃiʃaŋ］（波照間島）
カキッシェーン［kakiʃʃeːŋ］（鳩間）
カキッシェン［kakiʃʃeŋ］（白保）
ハキッシェン［hakiʃʃeŋ］（黒島）
カキシェーン［kakiʃeːŋ］（真栄里）

下線部分が「できる」意を表しているが、その中で川平方言の「ッシウン」がより古い語形を保っているものと解される。この川平方言の「ッシウン」と石垣方言の「シシン」などからすれば、もとの語形は「シシウン［ʃiʃiuŋ］」だったであろうと解される。この「シシウン」が多様に変化して「ッシウン」（川平）となったり、「シシン」（石垣）、「ッシェーン」（鳩間）、「シェーン」（真栄里）などとなったりしたものと解される。

さて、川平方言の「ッシウン」や石垣方言の「シシン」などは与那国方言の「キッツン」（できる）にあたるものである。与那国方言の「キッツン」の「キ」は、「キルン」（する）の連用形「キ」（し）であることについてはすでに述べたが、川平方言の語頭の促音や石垣方言の語頭の「シ」も、「シゥン［sïŋ］」（する）の連用形「シゥ［sï］」（し）の変化したものである。では、その連用形についている与那国の「ッツン」や川平方言「シウン」、石垣方言の「シン」などは何であろうかという問題がある。

これについて一九九六年八月上旬に、鳩間方言の「カキッシェーン」（書くことができる）についての確認かたがた中央語との対応関係についても、鳩間出身の加治工真市氏（当時沖縄県立芸術大学教授、現在同大学名誉教授）にたずねてみた。加治工氏によれば、鳩間方言では「できる」は、「シーシェーン［ʃiːʃeːŋ］」で、これは「し得る」

にあたるのではないかと思うとのことであった。「シェーン」の部分が「得る」にあたるとみるわけである。「得る」に対応する語は、沖縄方言では「イィーン［jiiŋ］」または「イィユン［jijuŋ］」といい、「もらう」という意を表す。これが動詞連用形について「可能」を表す用法は、沖縄方言では見出せない。八重山石垣、竹富では「得る」に対応する語は「イールン［iːruŋ］」という(宮良 一九三〇)。与那国では「イライ［irai］」という。これらも「もらう」意を表す。そこでたとえば、石垣方言などで「シゥン［sïŋ］」(する)の連用形「シゥー［sïː］」(し)に「イールン」がついた「シゥーイールン［siïːruŋ］」から石垣の「シシン」、川平の「ッシウン」、鳩間の「シーシェーン」または「ッシェーン」などの成立を説明しようとすると、音韻論的にかなり無理が生じる。この見方は意味上は順当なので、今後成立過程も含めて検討してみる必要がある。

これに対して、平山・中本(一九六四)では、これらの可能表現は「知る」にあたるとみている。正確には「知りむ」(連用形に推量の助動詞「む」がついたもの)に対応するであろう。「知る」の語幹部分［ʃir］は、与那国では［tsˀ］、八重山では［ss］または［ʃʃ］となるので、音韻論上は問題がなく順当である。たとえば、与那国ではシリム［ʃirimu］→シリゥム［ʃirïmu］→ッツン［tsˀɯŋ］となっている。川平ではシリゥム［ʃirïmu］→ッシウン［ʃʃiuŋ］となっている。もしそうであるならば、与那国や八重山ではものごとを知り把握することが「可能」にするという見方があることになる。

中央語の「知る」は「領《し》る」と同源とみて、大野(一九六六)には「「シル」とは占領すること、占有することを意味していた」とし、また統治し支配することだったとして、「占有する、統治するとは、物を残るくまなく自分のものにすること、物を残るくまなく自分のものにするとは、単に所有、領有の意味を超えて、物の性質のすみずみまでも把握することを指すようになってゆく。そこから「シル」(知る)が誕生した」と記されている。これによれば、中央語では「領《し》る」から「知る」へと展開したことになるが、「できる」意は派生していない。これが沖縄の中でも最南端の与那国や八重山地方では、「知る」が「できる」の意味まで展開していることになる。情報化社会を先取りしたようなものの見方がこの地域の日常生活の中から生まれていたことになる。方言では自発可能と能力可能の区別があるという報告もなされているが(中田 一九八一など)、この与那国の「ッツン」などは能力可能を表すものである(杉村 一九九二)。

5　リキユン [rikijun](できる)

可能を表現する典型的な語である現代中央語(共通語)の「できる」は、「出《い》で来《く》る」が「でくる」になり、さらに「できる」となったものである(大野他 一九七四、荒木 一九八五)。「出で来る」というのは、「無から有が出現する意」(大野他 一九七四)であり、「形をなして自然に現れでてくることである。つまり日本人は可能を、奮闘努力の末に獲得することとは考えず、自然の成り行きとしてそのコトが現れ出てくることととらえてきた」(大野 一九七八)ということになる。すなわち「自発」を基盤として、そこから「可能」「尊敬」の意もあらわれることになる。

自発　おできができた。
　　　弟ができた。
可能　泳ぐことができる。
　　　なんでもできる。
尊敬　あの人はなかなかできた人だ。

これに対して琉球方言の「ディキユン」は、「(勉強または農作物が)よくできる、立派に仕上がる状態」に中心をおいた表現といえる。たとえば、

ユー　リキユン　[ju: rikijuŋ]（よくできる）

といえば、学校における成績がよいという状態にいう。これは「ナイン」(なる、できる)を用いて、

ユー　ナイン　[ju: naiŋ]（よくできる）

ともいえるが、これは必ずしも学校の成績だけを意味するものではない。運動能力、技術能力などにすぐれていることにもいう。

ユーリキヤー　[ju:rikija:]（成績のよい者）

ユーナヤー　[ju:naja:]（よくできる者）

の二つの表現を比較してみると、「ユーリキヤー」はほとんど「学業成績がよい者。優秀」の意味に用いられるのに対し、「ユーナヤー」は「学業成績も含めてなんでもよくできる者」の意味に用いられる。またたとえばある特定の仕事を依頼しようとするとき、「ディキユン」を用いて、

×アリガヤ　リキユン　[ʔarigaja rikijuŋ]（彼はできる）

×タルーガ　リキユガ　[taru:ga rikijuga]（誰ができるのか）

などのようにはいえない。これは、「リキユン」が可能(何々しようと思えば、その実現についてさまたげるものはない)を表すのではなく、「(勉強または農作物が)よくできる、立派に仕上がる状態」に中心をおいた表現であるからだと解される。可能を表すときは、「ナイン」(なる)を用いて、

アリガヤ　ナイン　[ʔarigaja naiŋ]（彼はできる）

タルーガ　ナイガ［taruːga naiga］（誰ができるのか）

などのようにいう。

「リキユン」は、おそらく「ナイン」の後に琉球方言で用いられるようになったもので、「なる」の有する「仕上がる。成就する」（大野他　一九七四）の意を、特に「できばえ」に中心を置いて分担するようになったものと解される。

サーターヌ　ユー　リキユン［saːtaːnu juː rikijuŋ］（砂糖がよくできあがる）

といえば、上質の砂糖ができあがったことを意味し、

ウールイヌ　ユー　リキユン［wuːruinu juː rikijuŋ］（踊りがよくできあがる）

といえば、できばえのよい踊りが催されていることを意味する。

以上のように、特に沖縄本島方言の「リキユン」（できる）は中央語の場合と多少用法が異なるが、奄美諸島の喜界町小野津方言などでは可能を表す用法もあるようである。

ユミディキュラー［jumidikiraː］（読むことができない）

6　ユースン［juːsuŋ］（できる）

「ユースン」は中古（平安時代）の「おほす」、現代中央語の「おおせる」にあたる語である。中古語の「おほす」は動詞連用形について、「果たす。しとげる。しおえる」の意を表す。

いとよう書きおほせたり（たいそうよく書きおえられた）（源氏、末摘花）

現代中央語の「おおせる」も補助動詞として用いられ、「なしとげる。すっかりしてしまう」意を表し、たとえ

ば「書きおおせた」のように用いられる。
これに相当する琉球方言の「ユースン」も動詞連用形につくが、意味は「できる。可能」を表す。

ユミユースン［jumijuːsuŋ］（読むことができる）

ワーガン シーユースン［waːgaŋ ʃijuːsuŋ］（私もすることができる）

八重山石垣方言などでは「ブスン［busuŋ］」となる（宮良 一九三〇）。

カキゥブスン［kakibusuŋ］（書くことができる）

以上のように、現代中央語と琉球方言では用法が違う。現代中央語の「おおせる」はものごとの全体を成し遂げることに着目した表現となっているが、琉球方言の場合はものごとの全体を成し遂げる能力に基づく可能性に着目した表現となっている。ここには、ものごとの達成を主体とは切り離して客観的にみているか、あるいはそれを主体の能力に基づく可能性に深く結びつけてみているかの違いが現れているといえよう。この「ユースン」は、すでにみてきた与那国方言の「ッツン」（できる）などと同様、能力可能を表す語の一つである。

7 ッカン［kkaŋ］（切らぬ。できない）

「ッカン」は沖縄本島北部方言の一部で「キーン［kiːŋ］」（切る）の否定形として用いられる語である。現代中央語では「切る」は動詞連用形について「～し終える。～するのをやめる」あるいは「～し尽くす。～し果たす」などの意を表す。

読み切る

思い切る

疲れ切る

沖縄本島北部方言（瀬底）の「キーン［kiːŋ］」（切る）も、基本的には現代中央語と同じ用法を持つ。「キーン」は動詞連用形について「〜し終える。〜するのをやめる」または「〜し尽くす。〜してしまう」などの意を表す。

ウイキーン［ʔuikiːŋ］（売り尽す）

ウミキーン［ʔumikiːŋ］（思うことをやめる。あきらめる）

サシキーン［saʃikiːŋ］（お茶などを注ぎ尽す）

クイキーン［kuikiːŋ］（噛み切ってしまう）

ナシキーン［naʃikiːŋ］（産み終える。子供を産む役割を終える）

「キーン」の否定形も、当然ながら「〜し終える」などの意味の否定になる。たとえば、次のとおり。

ウイキランネー　ナラン［ʔuikiranneː naraŋ］（売り尽さないといけない）

ウミキランネー　ナラン［ʔumikiranneː naraŋ］（あきらめないといけない）

沖縄北部今帰仁方言の「ッチン［ʧˀiŋ］」などもこれとほぼ同じように用いられる（仲宗根　一九八三）。

ただし方言によっては、その否定形が可能を表すのもある。たとえば沖縄国頭村の辺野喜《べのき》方言や佐手《さて》方言などがそうである。

「ユミッカン［jumikkaŋ］」（読み切らぬ。読むことができない）

この「ッカン」の部分が「切らぬ」に対応する。これもものごとの全体を成し遂げる能力に基づく可能性に着目した表現となっていて、能力可能を表す語の一つである。

まとめ

琉球方言の可能表現は、一般に「ナイン」(なる)と「リーン」(れる)によってなされる。これらの語の表す可能表現からすれば、「可能」とは主体の意志によるものというよりは、自然の成り行き、全体の状況によって自ずとあらわれくるものとする見方が根底にあるといえよう。いわゆる自発可能である。これは定住し農耕生活を営む共同体社会の中で培われたものである。また琉球方言で、これらの語が「尊敬」の意まで展開していないのは、沖縄社会の横のつながりを重視した人間関係を反映したものといえよう。「アシライドゥシゥ」(せられぞす。できる)は主に宮古方言で用いられているが、そこでの可能に対する見方もほぼ同じである。

他に能力可能を表すものもある。「ッツン」(知る。できる)、「リキユン」(できる)、「ユースン」(おほす。できる)、「ッカン」(切らぬ。できない)などがそれである。「ッツン」系統の語は主に八重山方言にあらわれる。「知る」と「可能」が結びついていて、この地域の日常生活の中で情報化社会を先取りしたようなものの見方が生まれていたことになる。「リキユン」(できる)は奄美方言では用いられているが、沖縄方言などでは「できばえ」の意では用いても「できる」意に用いた例は見出せない。また「ユースン」(おほす。できる)、「ッカン」(切らぬ。できない)系統の語は沖縄方言などでみられ、ものごとの全体を成し遂げる能力に基づく可能を表す。

参考文献
荒木博之(一九八五)『やまとことばの人類学』朝日新聞社
内間直仁・野原三義(編著)(二〇〇六)『沖縄語辞典――那覇方言を中心に――』研究社
大野　晋(一九六六)『日本語の年輪』新潮社

大野　晋（一九七八）『日本語の文法を考える』（岩波新書）岩波書店
大野　晋・佐竹昭広・前田金五郎(編)（一九七四）『岩波古語辞典』岩波書店
国立国語研究所(編)（一九六三）『沖縄語辞典』大蔵省印刷局
渋谷勝己（一九九三）『日本語可能表現の諸相と発展』『大阪大学文学部紀要』第33巻第I分冊
杉村孝夫（一九九二）「新城下地島方言の文法」『南琉球新城島の方言』國學院大學日本文化研究所
寺村秀夫（一九八二）『日本語のシンタクスと意味I』くろしお出版
仲宗根政善（一九八三）『沖縄今帰仁方言辞典』角川書店
中田敏夫（一九八一）「静岡県太井川流域方言におけるサル形動詞」『都大論究』第18号　東京都立大学国語国文学会
平山輝男・中本正智（一九六四）『琉球与那国方言の研究』東京堂
宮良當壮（一九三〇）『八重山語彙』東洋文庫

第七章　『おもろさうし』のことばにみる（一）

――「しなう」心――

一九九六年四月一二日夜八時のＮＨＫの首相記者会見は衝撃的なものであった。これまで日米両政府が協議してきた沖縄米軍基地の問題で、最大の懸案事項であった普天間飛行場を「五年ないし七年以内」に日本に全面返還することで合意したという報道である。そして四月一四日の朝日新聞朝刊の社説では「日米安保の大義名分を盾にする日本政府を相手に、大田昌秀知事は反安保も反米も掲げることなく、ひたすら基地の現実に苦しむ住民の声に忠実であろうとした。何度も米国に足を運び、直接、沖縄の現実を粘り強く訴え続けた」と報じている。「反安保も反米も掲げることなく」とは、まさに沖縄の「しなう」心であり、しなやかな心といえよう。「しなう」心は沖縄の人々の基本的な心性のように思われる。このことを『おもろさうし』の「しなて」ということばを通してはじめて指摘したのは外間(一九九四)であった。「しなて」にはオモロ時代(一二～一七世紀)の人々の意識のあり方が集約されている。ここでは『おもろさうし』の「しなて」をとりあげ、その表現の中からあらためて「しなう」心のあり方を探ってみたい。

一 「しなて」の意味

「しなう(撓う)」を辞典でみると(『日本国語大辞典』一九七二〜一九七六)、「①弾力があって、たわみまがる。草木などがしなやかにまがる。②さからわないで、ものに従う。順応する。③生気を失ってしおれる。しぼむ。」とある。①の意味は奈良時代にもあって、万葉集では「之奈布《しなふ》」などとみえており、②の意味は中世の平家の例があがっている。草木などがしなやかにたわみまがる意を中心に、後にものごとにさからわないで順応するという意が出てきたことがうかがえる。

一方、沖縄古語で「しなう」はどう用いられているかをみてみると、「①調和する。和合する。似合う。②逆らわずにしたがう。承諾する」とある(『沖縄古語大辞典』一九九五)。

では、具体的になにとなにが調和し、和合するのか。これを『おもろさうし』でみてみよう(外間 二〇〇〇)。

二 「しなて」の調和構造

『おもろさうし』の中で用いられている「しなて」の表現をみてゆくとどういう対象どうしが調和し、和合するのかがみえてくる。結論から先に示すと、「しなて」の調和構造は次のようになっている。

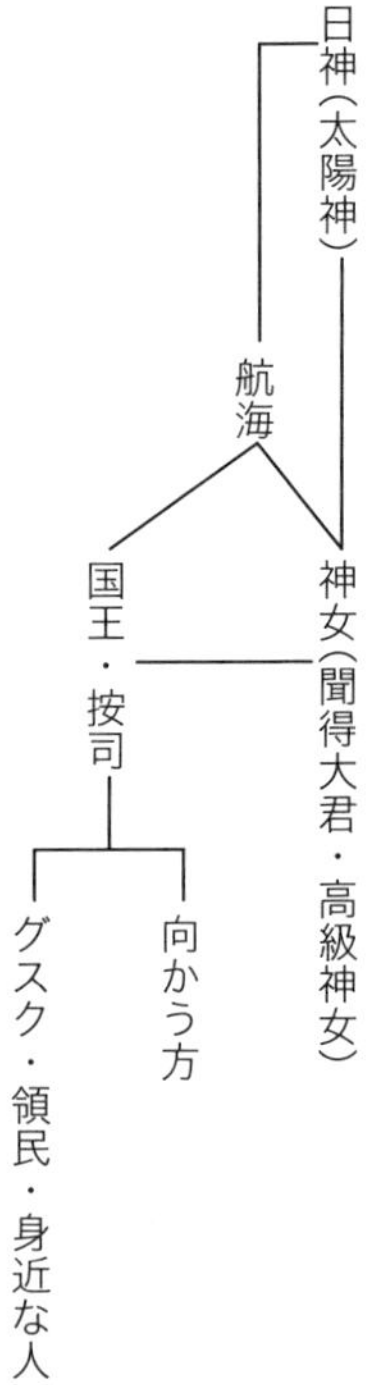

まず、日神（太陽神）と神女が調和する。調和するということは、霊的に一体化するということである。次に神女は他の神女と調和し霊的に一体化する。こうして霊力を身に帯した神女は国王または按司《あじ》と調和し一体化して、これを霊的に守護することになる。さらに国王または按司はグスク（居城）や領民、身近な人やものなどと調和して一体化の世界を広げてゆく。また日神、神女、国王または按司（領主）と密接に関わるのが航海である。日神や神女は航海と調和してそれを霊的に守護し、国王や按司も航海と調和する。その航海を通して調和の世界は「向かう方（行く先々）」まで広がってゆく。これが日神、神女、国王または按司を中心とした調和の世界の構図であり、共同体社会の一つの側面をみせている。

この調和を保つ太い絆となっているのは霊力である。調和するというのは、単に和合し慣れ親しむことを意味するのではなく、霊力の受け渡しを意味する。相手との調和・一体化を通して日神から授かった霊力の受け渡しをしているのである。その霊力が相互を結びつける太い絆となっている。

以下、そのことについて具体的にオモロでみてゆく。なお、オモロの訳は外間（二〇〇〇）を参考にしつつ、筆者なりに解釈したものである。

1　太陽神と聞得大君《きこえおおきみ》

太陽神と聞得大君が「しなう」と謡っているオモロには次のようなものがある。

712　一　きこゑ大きみぎや
　　てるかわに　しなて
　　きらのかす
　　あちおそいす　てつれ
　又　とよむせたかこが
　　てるしのに　しなて(以下略)

[訳　名高く霊力豊かな聞得大君が、太陽神に和合し、吉日ごとに国王様は祈り給う。]

これからもわかるように、聞得大君(最高位の神女)が太陽神に「しなて」(和合して)と謡われている。

次のオモロでも太陽神と聞得大君が「しなて」と歌われている。

364　一　きこゑ大きみぎや
　　むかし　はぢめから
　　しよりもり　のだてて
　　あんじおそいに　みおやせ
　　大きみぢよ　あよ　そろて　ちよわれ
　又　とよむせだかこが

せのみ　はぢめから
まだまもり　のだてて
又　なさいきよもい　あぢおそい
てるかはが　あがるやに　かけおそて
又　あが　かいなで　あんじおそい
てるしのが　あがるやに　てりおそて
又　しよりもり　みうちに
てるかわが
あがる　もり
もりぐすく　やびちへ
又　まだまもり　みうちに
てるしのが
かねの　もり
もりぐすく　やびちへ
又　てるかはと　おぎもねは　しなて
てるしのと　あよのねは　しなて

［訳　名高い霊力豊かな聞得大君が、大昔から首里杜、真玉杜で祈って、（国の安泰と繁栄を）国王に奉れ。わが敬愛する国王は太陽が昇ってくるような勢いで輝いて国を治める。首里杜御内、真玉杜御内に太陽が昇るような立派な杜グスクに太陽神が出現

して、(聞得大君が)太陽神とお心の底から調和し和合して、(国王に国の安泰と繁栄を奉れ)。」

このオモロでは、名高い霊力豊かな聞得大君が首里城内の首里杜グスク、真玉杜グスクで祈り、太陽神が出現して、太陽神と心を一つにすることが謡われている。こうして太陽神から霊力を授かった聞得大君は、国の安泰を祈って国王と心を一つにし、霊力で国王を守護し、そして国王は照り輝くように国を治める旨が謡われている。

2 聞得大君・高級神女と国王・按司

聞得大君と国王が「しなう」ことを謡ったオモロとしては、次のものがある。

92 一 きこゑきみがなし
いつこしま よりおれて
なさいきよもい あちおそい
あまこ よりかわちへ
まなしやど たちよる
又 とよむ きみがなし
この みしま つきおれて
なさいきよもい あちおそい
又 おきもうちに よしらす
大ぎみに しなよわ
なさいきよもい あちおそい

又　あよが　うちに　おぼゑす
せだかこに　しなよわ
なさいきよもい　あちおそい(以下略)

［訳　名高い君加那志《きみがなし》神女が(神となって)、兵士の島の首里に依り憑き降りて、父なる国王と目を見交わし(心を通わして)、愛おしさが立ち勝る。(神の)お心内に知られ覚えられて(守護されて)、霊力豊かな大君に調和し和合して、父なる国王と目を見交わし(心を通わして)、愛おしさが立ち勝る。］

このオモロは、「又」の部分の三行目「なさいきよもい　あちおそい」(父なる国王と)の後に「一」の反復部分「あまこ　よりかわちへ　まなしゃど　たちよる」(目を見交わし、愛おしさが立ち勝る)を補うと、大筋の意味が理解される。すなわち、日神から霊力を得て神となり天下りした名高い大君が国王と顔を合わせ、心を通わせて調和する旨が謡い込められている。調和するということはセヂ(霊力)で国王を守護することを意味する。

次のオモロでも同様の主旨が読み取れる。

733　一　きこゑきみかなし
さしふ　おれかわて
しよりもり　おれわちへ
なさいきよもいしよ
きみふさて　ちよわれ
又　とよむきみかなし
むつきおれなおちへ

またまもりおれわちへ
又　なさいきよもい　あちおそい
みまふてす　おれたれ
又　あか　かいなで　あちおそい
かいなでゝす　おれたれ
又　てるかはは　のだてて
すへとめて　おれわちへ
又　てるしのは　のだてて
ませとめて　おれわちへ
又　なさいきよもい　あちおそい
しよりもり　ちよわちへ
大きみに　しなわ

[訳　名高い君加那志神女が(神となって、神のよりつきである)さしふ、※むつき神女に憑依して、首里杜、真玉杜に天下りし給いて、敬愛する父なる国王こそ神女と栄えておわしますように。(神は)わが敬愛する国王を見守り、慈しむために天下りしたのだ。(名高い君加那志神女は)太陽神に祈って、霊力、真精(真の霊力)を求めて(身に帯し)天下りしたのだ。敬愛する父なる国王は首里杜においでになり、大君神女に和合し給う。]

※「さしふ」は「むつき」と対語をなして用いられ、「むつき」は「ものつき」で、「もの」(神)が「憑く」(のりうつる)。すなわち神が憑依する神女のこと。

このオモロでも、太陽神から霊力を得て天下りした大君と国王が和合することを願う意が謡い込められている。和合するということは、霊力を国王に奉って、国王を守護することを意味する。

次のオモロなども、大君が国王に霊力を奉る旨がよく示されている。

360　一　きこゑ大きみきや
けよのうちは　おしあけて
しよりもり　おれわちへ
とももとの　世そう　せち
あんしおそいに　みおやせ
又　とよむせだかこが
もちろうちは　つきあけて
まだまもり　おれわちへ
又　なさいきよもい　あぢおそい
いけなきみ　いきよわ
又　あがかいねで　あんしおそい
なりきよきみ　いきよわ
又　てるかはが
かいなでよわる　あんしおそい
又　てるしのが

まぶりよわる　あんしおそい
又　あぢおそいや　いみやからど
するゑ　まさてちよわる
〔訳　名高く霊力豊かな聞得大君が、(神となって)気の内[※1]、もちろ内[※2]を押し開け突き開けて、首里杜、真玉杜に降り給いて、末永く世を治める霊力を、国王に奉れ。父なるわが敬愛する国王は、(神になりかわれる)いけな神女[※3]、なりきよ神女を招き給う。太陽神が撫で慈しみ、守り給う国王様。国王様はこれから行く末永く勝れてましませ。〕
※1　首里城内の聖所。　※2　「気の内」の別称。　※3　「いけな」と「なりきよ」は対語をなし、「なりきよ」は「成り子」で、神になり変われる人、神の憑いた神女をいう

また次のオモロでは、久米島の君南風《きみはえ》高級神女と按司の調和が謡われている。

585　一　おにの　きみはゑや
なさいきよに
しなて　とよま
又　おそいきみはゑや
又　おとかねの　まころ
又　のち世かる　まころ
〔訳　立派な世を支配する君南風神女は、父なる按司様に調和し和合して名高くおわしますように。弟の立派な後良《のちよ》かるまころ様も(父なる按司様に調和し和合して名高くおわしますように。)〕

以上のように、聞得大君・高級神女と国王・按司は調和し和合する。調和し和合するということは、すでに述

べたように、霊力を国王に奉って、国王を守護することを意味する。

3　太陽神と航海

海外交易に携わっていたオモロ時代の人々にとって、航海の安全は切実な願いであった。オモロ時代といわなくとも、いまのような交通機関が発達していなかった頃までは、琉球列島において、島と島の交通はサバニという木製の小舟などを通して行われていた。多くの島々からなり、日々の生活において島と島とを行き来しなければならなかった人々にとって、海上の交通の安全を願う心は切なるものがあった。その祈りの心が太陽神と航海の調和というオモロを生み出している。

831　一　あかるいの　大ぬし
　　　大ぬしか　このみす
　　　ゑそこ　みおうね　このたれ
　　　おきも　しなおやに　はりやせ
　又　てたかあなの　大ぬし

［訳　東方から上がる大主、太陽の穴から上がる大主よ。太陽神のお考えでこそ大型の船を造り給うたのだ。太陽神のお心に調和するように、船を走らせよ。］

このオモロでは、太陽神の心に大型の船が調和するように航海せよと謡っている。太陽神の心に調和するということは、その霊力で守護されることを意味する。「船ゑとのおもろ御さうし」では、太陽神と航海の関わりを謡ったオモロが多くみられる。

4 神女と航海

神女は太陽神から霊力を授かっている。その霊力で守られて航海は安全に行なわれると考えられているから、神女と航海の調和も謡われている。

843 一 きこゑあけしのか
ゑかきみはね こよわちへ
くもかせ しなへて はりやせ
又 とよむあけしのか

[訳 名高く鳴り轟くあけしの神女が鳥の羽を描いたものを願い求めて、雲風に調和して船を走らせよ。]

このオモロでは、あけしの神女が鳥の羽を描いたものを持って航海の安全を祈願すると、船は雲風に調和して順調に航海する旨が謡われている。

次のオモロも神女と航海の関わりが謡われている。

838 一 あけしのゝ かみにしや やれかゑ
やゝの やほう あおらちへ
又 なよかさの のろにしや
あさとれ ようとれ
又 いたきよら たなきよら
又 ふなこ ゑらて てかち ゑらて

又　あけしのわ　せと　しちやうす
又　なよかさわ　てとり　ちやうす
又　そてきよらわ　ゆうとり　ちやうす
又　かぜのてや　ほうふくろに　しなへ
又　なみのてや　ふなはらに　しなへ

［訳　あけしのの神女が美しい帆を煽らせて航海する。なよかさの神女が、朝凪夕凪に板清ら棚清ら船を浮かべて、船子手梶（船員）を選んで航海する。あけしの神女は船頭が上手である。なよかさの神女は舵取りが上手である。袖清ら神女は淦《あか》（船底にたまった水）取り上手である。風は帆に調和し、波は船腹に調和する。］

このオモロも神女の加護のもとで、船が風や波とうまく調和して安全に航行している旨が謡われている。神女のもつ霊力は航海も守護している。

5　国王と航海

国王と航海も「しなう」と謡われる。

809　一　おやさはち　ねとらちへ
あちおそいに　しなて
おもうやに
うちやあかりやり　みおやせ
又　このと　たつ　あふなみや

あちおそいに　しなて

［訳　立派なさはち様[※]が音頭をお取りになって、国王様に調和して、思うように浮き上がって快走し奉れ。この海に立つ青波は、国王様に調和して（穏やかである）。］

※人名

太陽神、神女、国王、航海は、相互に「しなう」ことによって、太陽神の霊力で守護されるという構造が見て取れる。すなわち太陽神の霊力はこれらを基底において深々と結びつけているといえよう。

6　国王と向かう方

太陽神の霊力で守護された琉球王国は、海外交易などで向かう先々ともその心を和合させ、調和の世界を広げてゆくことになる。

762　一　大きみは　たかへて
　　　せちあらとみ　おしうけて
　　　大きみに
　　　おゑちへ　こうてはりやせ
　又　せたかこは　たかへて
　又　あちおそいきや　おさうせや
　　　むかう　かた　しなて
　又　おきやかもいか　御さうせや

むかう　かた　しなて
又　あちおそいきや　おやおうね
おしうけ　かず　まふりよは
又　けらへ　せちあらとみ
くりうけ　かず　まふりよは
又　ふれしまの　かみかみ
あよそろて　まふりよは
又　きみはへは　たかへて
せちあらとみ　おしうけて
又　のろのろは　たかへて

［訳　名高い霊力豊かな大君は（神を）崇める。霊力豊かな新富船《あらとみぶね》を浮かべて、大きみに追い風乞うて走らせよ。国王尚真王のお心は向かう先々と調和し、国王の立派な霊力豊かな新富船は、造り浮かべるごとに守り給え。島々の神々は心を一つにして守り給え。霊力豊かな新富船を浮かべて、君南風神女、ノロたちは（神を）崇める。］

これは交易船を派遣するとき、尚真王自ら謡ったという前書きのついたオモロである。航行の安全と国王の思いが行く先々にうまく調和して届くよう、聞得大君をはじめ高級神女、島々の神女、ノロたちが心を一つにして祈るというさまが謡いこまれたオモロである。

以上述べてきたように、まず聞得大君は太陽神と和合して、太陽神から霊力を授かる。こうして霊力を身に帯した聞得大君は、その霊力を他の高級神女たちへと受け渡してゆく。次に霊力を身に帯した聞得大君や高級神女は、今度は国王や按司と調和し、国王、按司を霊的に守護することになる。またその霊力は航海も霊的に守護し、こうして太陽神、神女、国王及び領主、航海などが「しなう」ことを通して霊的に深々とつながっていることをみせてくれる。さらに交易などで向かう先々とも「しなう」心で対し、霊的に守護されてすべてが順調にゆくこととの願いが謡いこまれている。

なお、現代琉球方言にも「しなう」系統の語があり、例えば首里方言ではスィナユン［sinajuŋ］（合う、調和する、適合する、似合う）という。ユー　スィナトール　ミートゥンダ［ju sinatoːru miːtunda］（よく似合った夫婦）のように用いられる。沖縄北部瀬底方言でもシナユンという。ウヌ　キンヤ　ユー　シナユン［ʔunu kinja ju ʃinajuŋ］（この着物はよく似合う）のように用いる。

参考文献

内間直仁（一九九四）『琉球方言助詞と表現の研究』武蔵野書院

沖縄古語大辞典編集委員会（編）（一九九五）『沖縄古語大辞典』角川書店

国立国語研究所（編）（一九六三）『沖縄語辞典』大蔵省印刷局

日本国語大辞典刊行会（編）（一九七二〜一九七六）『日本国語大辞典』全20巻　小学館

外間守善（一九九三）『おもろさうし』角川書店

外間守善（一九九四）『南島の神歌』（中公文庫）中央公論社

外間守善（校注）（二〇〇〇）『おもろさうし』（上、下）（岩波文庫）岩波書店

外間守善・波照間永吉（編著）（二〇〇二）『定本おもろさうし』角川書店

第八章　『おもろさうし』のことばにみる（二）
――「声をやり交わす・目を見交わす」意味――

声をやり交わし、目を見交わし、顔を合わせるという行為は、現代においても人と人との心をつなぐのに重要な役割を果たしている。挨拶はこれが定型化したものである。オモロ時代の人々にとっても、声をやり交わし、目を見交わすと言う行為は非常に重要であったらしい。それは人と人をつなぐ以上にもっと特別な意味があったことがうかがわれるからである。『おもろさうし』には「とこゑやりかわちへ（美しい声をやり交わして）」「あまこあわちへ（目を見交わして）」などの表現がみられるが、誰と誰が声を合わせ、目を見交わしているのかをみていくと、そこから自ずと首里王朝の祭政一致の構造も浮かび上がってくる。以下『おもろさうし』のオモロを通して、誰と誰が声をやり交わし、目を見交わしているのかを辿ることによって、その緊密なつながりのあり方をみることにする。

一　太陽神と聞得大君（とこゑ）

まず、太陽神と聞得大君が「とこゑやりかわちへ（美しい声をやり交わして）」と謡ったオモロからみてみる。「とこゑ（十声）」は「美しい声、美しいことば」の意である。

16
一　きこゑ大きみきや
　首里もり　おれわちへ
　おぎやかもいや
　きみしよ　まぶりよわめ
又　とよむせだかこか
　ま玉もり　おれわちへ
又　さしふ　てるくもに
　おれ　なおちへからは
又　さしふ　てるきしやけ
　おれ　ふさてからは
又　てるかはと　とこゑ　やりかわちへ
又　てるしのと　ゑりちよ　やりかわちへ
又　てるかはも　ほこて

[訳　名高い霊力豊かな聞得大君が、(神となって)首里杜・真玉杜に天降りし給いて、神女が尚真王を守り給うであろう。神の依り憑く照る雲・照るきしやけ※神女に依り憑いて天降りし、世の安泰・繁栄をもたらしたからには、太陽神と美しいことばをやり交わし心を一つにし、太陽神も喜ばれる。]

※「照る雲・照るきしやけ」は神女の名、未詳

このオモロでは、神となって首里杜に天降りした聞得大君が太陽神と美しいことばをやり交わして、心を一つ

にするさまが謡われている。心を一つにするということは、太陽神から霊力を得ることを意味する。次のオモロも太陽神と聞得大君が「ところ、とこへ」をやり交わして心を一つにすることを謡ったものである。

347 一 きこゑ大きみきや
やゝの きくたけに
のほて おわちへ さりよく
てだ てるかはと
とこへ やりかわちへ
しよりもり ちよわる
あか たたみかなし
まふて まふりよわれ
又 とよむせたかこか

[訳 名高い霊力豊かな聞得大君が立派なきく嶽※に登りおわしてましまし、太陽神と美しい声をやり交わし、首里杜におわすわが敬愛する国王を守り給う。]

※拝所の名

362 一 あけとまか たては
天のうち けおのうちは
おしあけて
てるかはか きよらや

てりおそう
たしま　まふりやへら
又　あけたちか　たては
又　きこへ大きみきや
しよりもり　ちよわる
かいなであちおそい
又　とよむせたかこか
またまもり　ちよわる
又　きこゑおおきみちよ
てだてるかはと
とこゑ　やりかわちへ

［訳　明け方になると、天の内、気《けお》の内※を押し開けて、（そこにまします）太陽神の美しいことよ。照り輝いて守護する（この）立派な国を守りましょう。名高い霊力豊かな聞得大君が（守護する）首里杜・真玉杜におわします敬愛する国王。聞得大君こそ太陽神と美しい声をやり交わして（国王を守護する）。］

※首里城内の聖所。

このように聞得大君は太陽神と声をやり交わすことによって太陽神の霊力を帯し、その霊力でもって国王を守護するという形をとっている。

二　聞得大君と高級神女(とこへ、ゑりちよ)

次に、聞得大君は高級神女と「とこへ、ゑりちよ」(美しいことば)をやり交わす。まず聞得大君と高級神女の首里大君が「とこへ、ゑりちよ」をやり交わすと謡ったものとしては、次のオモロがある。

206　一　しより大きみきや
　　　すゑ　ゑらひやり　おれわちへ
　　　きみきみきや　せち
　　　もちよろ　なちへ　みおやせ
又　とよむ　國もりきや
　　　ませ　ゑらひやり　おれわちへ
又　しよりもり　ちよわる
　　　ゑそにや　すへ　あちおそい
又　またまもり　ちよわる
　　　てたか　すへ　あちおそい
又　み物(うち)の　まみやに
　　　くにあかりは　あふらちへ
又　かわるめの　みうちに

きみしない　あふらちへ
又　きこへ　大きみちよ
ゑりちよ　やりかわちへ

[訳　名高い国守りの首里大君が（神となって）真の霊力を選んで天降りし、神女たちの霊力を美しくきらめかせて国王に奉れ。首里杜・真玉杜におわします英祖王統の霊力、太陽神の霊力をもつ国王、見物内の真庭（首里城内にある神祭りの広場）に国揚がり（祭式に立てた幡）を煽らせて、かわるめ（首里城の拝所名）の御内に君撓い（幡の名）を煽らせて、名高い聞得大君と美しい声をやり交わす。]

724　一　しより大きみか
さしふ　ゑらて　おれわちへ
てる　てもち
あちおそいに　みおやせ
又　とよむ　くにおそいか
すへとめて　おれわちへ
又　かくらきやめ　とよて
さしふ　ゑらて　おれわちへ
又　おほつきやめ　とよて
ませと（めて）　おれわちへ
又　きこゑ大きみと

とこへ　やりかわちへ
又　とよむせたかこと
ゑりちよ　やりかわちへ
又　あか　なさへきよ
みまふてす　おれたれ
［訳　名高い国を守護する首里大君が（神となって）、神の依り憑くさしふ※神女を選んで、真の霊力を求めて天降りし、天上界まで鳴り響いて、さしふ神女を選んで、真の霊力を求めて天降りし、名高い霊力豊かな聞得大君と美しいことばをやり交わして、わが敬愛する国王を守護してこそ天降りしたのだ。］
※神の憑依する神女の名称
また、次のオモロでは聞得大君と差笠《さすかさ》神女が「とこゑ、ゑりちよ」をやり交わすことになっている。
737　一　きこゑさすかさか
すへ　とめて　おれわちへ
きらの　かす
あちおそい　まふら
又　とよむ大きみきや
ませ　ねかて　おれわちへ
又　きこゑ　大きみちよ
とこゑ　やり（かわちへ）

又 とよむせたかこと
ゑりちよ やりかわちへ
又 あちおそいと
とももすへ
きみふさて ちよわれ

［訳 名高い霊力豊かな差笠神女が（神となって、筋目正しい真の）霊力を求めて天降りし、吉日ごとに国王を守護するであろう。（差笠神女は）名高い聞得大君と美しい声（ことば）をやり交わし、国王と永遠に（霊力で守られて）神女は栄えてましませ。］

聞得大君は、蒲葵杜の神女とも「おこと」（おことば）を会わすことによって、霊力の受け渡しをやっている（蒲葵杜は蒲葵《くば》の生えている杜。聖域。蒲葵は檳榔《びろう》のこと、沖縄の古語は「こば」）。

854 一 しよりもり ちよわる
きこゑあんしおそい
せいやりとみ おしうけて
こばもり ちよわちへ
ひやくさ せち あんしに みおやせ
又 またまもり ちよわる
ゑそにや ませ あちおそい
ておりとみ おしうけて
こはおもり ちよわちへ

又　きこゑ大きみか
　こはおもり　つかさと
　おこと　あわしよわちへ
　てるかはに　しられて
又　とよむせたかこか
　こはおもり　つかさと
　おこと　あわしよわちへ
又　くにかさの　おやのろ　かに　はねて
　おきやかもいに　しられれ
又　くせきよらの　大のろ　かに　はねて
　おきやかもいに　しられれ
又　しよりもり　ちよわる
　おきやかもい　あちおそい
　いみやからと
　すへまさて　ちよわる

［訳　首里杜・真玉杜にましします、英祖王統※からの真の霊力を持つ名高い国王が霊力豊かな名高い手折り船を浮かべて、蒲葵杜（久高島の嶽）に来給いて、（神女は）末永き霊力を国王に奉れ。名高い霊力豊かな聞得大君が蒲葵杜の神女とおことばを合わせ給いて、立派な国笠の親のろ神女がかくも感応して跳ねて、尚真王に（神の心）を伝えて、首里杜にましします尚真王は今からぞ霊力が勝っ

てましますと謡われている。」

※沖縄で最初の王統。一三世紀に始まると推定される。

このように聞得大君と蒲葵杜（久高島の嶽）の神女がことばを交わすことによって霊力の受け渡しをし、その末永き霊力を国王に奉り、その時から国王は霊力が勝ってましますと謡われている。他に、聞得大君は久米島の君南風神女にもことばをやる形で霊力の受け渡しを行なっている（九六番のオモロ）。

以上のように、最高位の神女である聞得大君はことばをやり交わすことによって太陽神から受け取った末永き霊力をさらにその下の高級神女へと受け渡していき、その霊力で国王を守護するという構造をみせている。

三　神女と国王（あまこ、みかう）

太陽神の霊力を身に帯した聞得大君は、今度は国王と「あまこ　あわちへ（目を合わす）」「みかう　あわちへ（お顔を合わせる）」という所作を通して、末永き霊力を国王に奉り守護することになっている。たとえば、次のオモロなどがそれである。

112　一　きこゑ大きみきや
おぼつゑが　とりよわちへ
けおのうちは　おしあけて
あちおそいしよ
ともすへ　ちよわれ

又　とよむせたかこが
かくらゑか　とりよわちへ
もちるうちは　つきあけて
又　いけなきみ　さきだて
首里もり　おれわちへ
又　なりきよきみ　いぐまちへ
またまもり　おれわちへ
又　あちおそいと　よきやて
あまこ　あわちへ　あすて
又　わうにせと　よきやて
みかう　あわちへ　あすて
又　きみきみか　いのらは
てるかはか　まふらは

［訳　名高い霊力豊かな聞得大君が天上の吉日を選び取り給いて、聖なる気の内を押し開けて（天降りする）。（聞得大君は）いけな神女、なりきよ神女を先立て賑々しくして、首里杜、真玉杜に天降りし給いて、国王と会って目と顔を合わせて神遊びをする。神女たちが祈ったならば、国王は末永くましませ。］

これは、太陽神の霊力を身に帯した聞得大君が、吉日を選んで神となり、首里城内の聖空間である気の内に、「いけな、なりきよ」神女を先立てて天降りし、国王と目と顔を合わせて神遊びをし、国王を霊力で守護したならば、国王は末永くましませと謡ったものである。聞得大君が国王と目を合わせ、顔を合わせると歌ったものには、ほかに九二番、九四番、三六七番、六九五番、七三二番などのオモロがある。

また首里大君も国王と目と顔を合わせて、その霊力で国王を守護する。それを謡ったのが次のオモロである。

205
一　首里大きみきや
　とよむくにおそいきや
　国ふさて　ちよわれ
又　けおのうちに　もどて
　もちろ内に　もどて
又　なさいきよもい　あちおそい
　なさいきよもい　たたみきよ
又　あまこあわちへ　ならて
　みきやう　あわちへ　ならで
又　あけまとし　ならは
　むかうとし　ならは
又　きみてつり　ほこり
　かみつかい　このめ
又　けおとまに　よりおれや
　ゑかゑらひの　よりおれや

又　よりみちゑの　およリ
せちよせの　おなふさ
又　おれらかす　まふら
あすはかす　かいなてら

［訳　国を守る首里大君が立派な気の内、もちろ内に戻って、父なる国王様、父なる貴いお方と目と顔を合わせて並んで対面し、来年になったならば、神招きの君手摩りの祭事を喜んで企画する。吉日を選んでの今日の天降りは寄り満ちゑ（首里城内の建物で、台所）・せじ寄せ（国中の霊力、すなわち貢物が寄り集まるところ）のためである。降りるたびに、神遊びをするたびに、国王様を守護し奉れ。王国は末永く栄えてましませ。］

四　一体化と霊力の受け渡し

すでに述べたように、ことばをやり交わし、目を合わせるという行為は、人と人とをつなぐうえでとても重要な所作として位置付けられている。『おもろさうし』で、これらの所作を通していかなる対象どうしが心を一つにし、一体化しているかを改めてまとめてみると、次のようになる（次頁）。

まず、太陽神と聞得大君が「とこゑ、おこと」（美しいことば）をやり交わしたり、合わせたりすることによって心を一つにし、太陽神から永久の霊力を授かる。太陽神の霊力を帯した聞得大君は、次に首里大君や差笠などの高級神女と、同じく「とこゑ、おこと」をやり交わし、あるいはことばをやったりすることによって心を一つにし、霊力の受け渡しをしてゆく。こうして太陽神の霊力を身に帯した聞得大君や高級神女は、今度は国王と目を合わせることで、国王に霊力を奉り、その霊力で守護するという構造になっている。

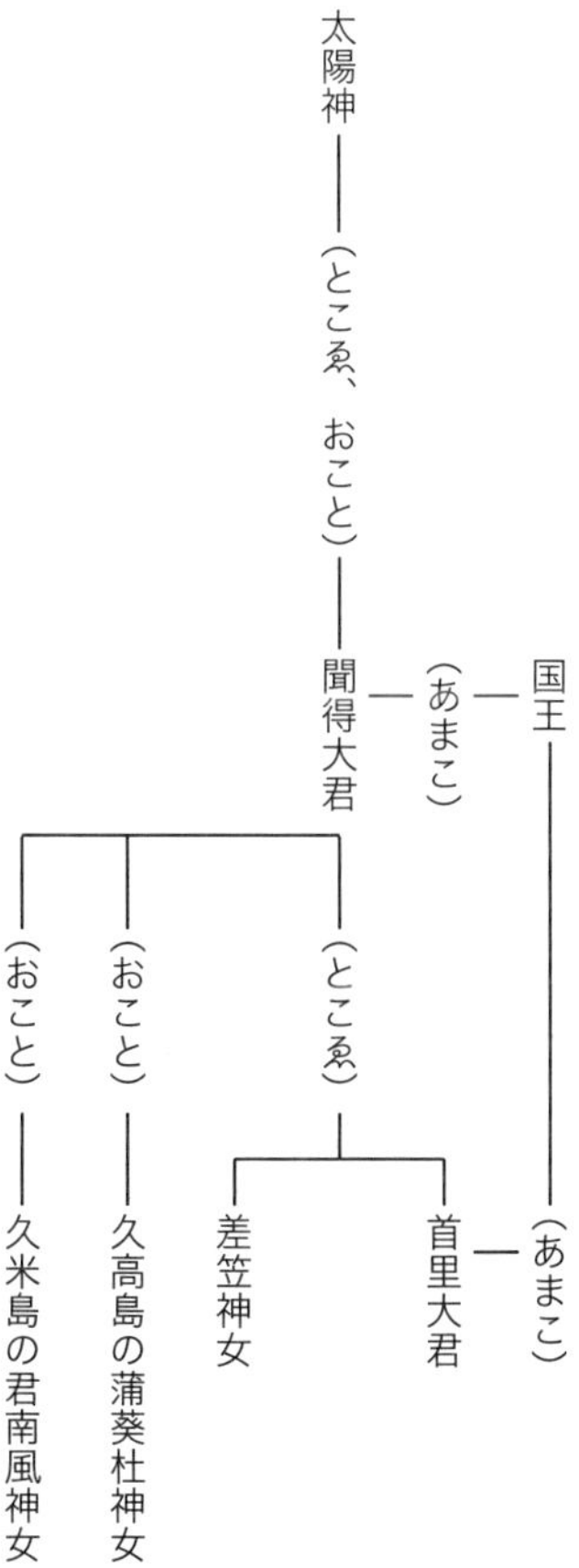

聞得大君が国王に太陽神の霊力を奉る旨を謡ったオモロとしては、次のようなものがある。

360　一　きこゑ大きみきや
けよのうちは　おしあけて
しよりもり　おれわちへ
ともゝとの　世そうせぢ
あんしおそいに　みおやせ
又　とよむせたかこか
もちろうちは　つきあけて
まだまもり　おれわちへ

又　なさいきよもい　あちおそい
　いけなきみ　いきよわ
又　あか　かいなて　あんしおそい
　なりきよきみ　いきよわ
又　てるかはか
　かいなてよわる　あんしおそい
又　てるしのか
　まふりよわる　あんしおそい
又　あちおそいや　いみやからと
　するまさて　ちよわる

［訳　名高い霊力豊かな聞得大君が（神となって）、気の内、もちろ内を押し開け、突き開けて首里杜、真玉杜に天降りし給いて、千年もの末永き世を治める霊力を国王様に奉れ。父なるわが敬愛する国王様は神に成り変われるいけな神女、なりきよ神にお会いなさる。太陽神が慈しみ守り給う国王様は今から末永く勝れてましします。］

これからもわかるように、聞得大君が神となって首里城内の首里杜・真玉杜という聖空間に天降りし、国王に末永き治世の霊力を奉り、それ以降の国王は霊力が勝って末永くましますという旨が謡われている。聞得大君だけでなく他の高級神女、たとえば君南風神女や煽りやえ神女たちも国王に天上界の霊力を奉っている（一六〇番、三六九番）。

以上のようにオモロ時代においては、目を合わせ、声をかけるという所作は、心を一つにし一体化するということであり、それを通して霊力の受け渡しを行なっていたことが見て取れる。首里王朝では、神女の持つ霊力で国王とその治世の安泰を図ろうとしていて、王朝におけるおなり神信仰のありようの一端もうかがわれる。

第九章　沖縄古語にみる
——太陽信仰——

沖縄の神観念としてアマミヤ・シネリヤとニルヤ・カナヤおよびオボツ・カグラがあるということはよく知られている。ここでは、アマミヤ・シネリヤについて主として語の成立を中心にみてゆく。

さて、アマミヤ・シネリヤの語源については従来、

①アマミヤのアマミは「海人部《あまべ》」につながる。

②シネリヤのシネは「光」「太陽」を意味する。

という見方がなされてきた。これに対してここでは、

①アマミヤはアマ(天)ミ(方)ヤ(屋)

②シネリヤはシネ(光)リ(方)ヤ(屋)

という語構成からなるという見方を提示する。さらにその見方に立てば、他の関連する対語はどう解釈されるかということについてもみてゆく。

一　アマミヤ・シネリヤの語構成と語源

1　これまでの見方

アマミヤ・シネリヤについては、これまで以下のような見方がある（伊波 一九三六、一九三八、外間 一九八六、一九九六 など）。すなわち『おもろさうし』、『中山世鑑』、オタカベ・ウムイなどの文献資料の示すところによれば、アマミヤ・シネリヤは、

①天地開闢《かいびゃく》の神

②稲作をもたらした神

ということになっている。そこで稲作の伝播は、民族移動とも深く関わるものとみて、その語源についても、

①アマミヤのアマミは「海人部《あまべ》」につながる（伊波 一九三八）。

という見方が示される。

この見方では、アマミヤはアマミとヤの二つの構成要素からなるとみているわけである。また外間（一九九六）では、伊波説を踏まえつつ、アマ（海人）→アマベ（海人部）→アマミ→アマミコ（接尾辞コが加わる）→アマミクと変化したものととらえている。

一方、シネリヤについては、

②シネリヤのシネは「光」（村山 一九七〇）、「太陽・日神」（外間 一九八一）を意味する。

という見方がなされている。シネリヤをシネとリヤに分析した形となっている。リヤについてはこれまでの説では言及がなされていない。

アマミヤのアマミが主として九州北東部に居住していた「海人部《あまべ》」につながるという見方は、日本の歴史、琉球方言と本土方言の分岐年代、オモロやウムイなどの古謡に謡われている当時の沖縄の人々の航海の足跡、沖縄の祭祀および地名なども視野に入れた考察となっていて、かなり説得性をもつものとなっているが、しかしその論証が言語学外の関連科学に傾きすぎ、厳密な言語学的検討を経てその語構成を示したものとは必ずしもいいがたい。そのために依然として次のような疑問を残す結果となっている。

①「アマベ」が「アマ」(海人)と「ベ」(部、集団)からなり、「シネリ」が「シネ」(光)と「リ」からなるとすれば、その「リ」は何なのか。

②「アマ」(海人)と「シネ」(光)は対語の構成要素として妥当であろうか。

③「ベ」(部)と「リ」はいかなる側面で対語構成要素となっているのか。

④「アマミヤ」と「シネリヤ」は対語をなして用いられている。ならばその語構成もその構造の中で考察されるべきであろう。

2　アマミヤ・シネリヤの語構成

アマミヤ・シネリヤの語構成について、オモロやミセセル、オタカベなどの古謡の用例を比較しながら考察する(外間 一九八〇、一九九二参照)。

オモロには、

あまみや(すちや)・しねりや(すちや)　(オモロ　五一二番)
あまみや(から)・しねりや(から)　(オモロ　九六番)

などの用例がみえる。これからするとアマミヤ・シネリヤは、まずそれらに下接する体言「すちや」(人)や助詞「から」などから分けられることがわかる。

次に、アマミヤ・シネリヤは、

あまみや(のろ)・しねりや(のろ)　(昔からの神女)　(オモロ　一〇〇八)
あまみ(きよ)・しねり(きよ)　(沖縄神話上の創世神)　(オモロ　二八一)
あまみや(から)・しねりや(から)　(世の始まりから)　(オタカベ　一四)
あまみ(から)・しによゑ(から)　(同上)　(オタカベ　一九)

などのように用いられ、また次のようにそれぞれ単独で「立派な」などの意を表す美称辞としても用いられる。

あまみ(かねくすく)　(由緒ある立派なグスク)　(オモロ　一〇〇六)
あまみ(たまちな)　(昔からの立派な玉綱)　(オモロ　六三二)
しのみ(とり)　(立派な実取り)　(オタカベ　三)
しのみ(ばる)　(立派な畑)　(ウムイ　五六)
しらび(庭)　(立派な庭)　(クェーナ　九四)

「しのみ」「しらび」はシネリの変化形である。

このことから、アマミヤ・シネリヤは、

〈アマミ〉〈ヤ〉・〈シネリ〉〈ヤ〉

と分析されることがわかる。すなわちアマミヤはアマミとヤ、シネリヤはシネリとヤからなる語構成をとっているといえよう。

さらにアマミは、アマの部分が、

あまの(まなしや) (この上ないいとおしさ) (オモロ 九四)

あまの(かなしや) (最も敬愛する方) (オモロ 二九〇)

あま(みぞ) (立派な溝。大溝) (クェーナ 一三)

などのように、連体助詞「の」を伴って連体修飾として用いられるとともに、複合名詞「あまみぞ」の構成要素にもなっている。

一方、シネリヤのシネの部分も、

(てる)しのと (照る光と。太陽。太陽神) (オモロ 六)

(てる)しなの(まみや) (陽光が照り輝く庭) (オモロ 一〇四一)

しの(田はる) (立派な田畑) (オタカベ 三)

しによ(みぞ) (立派な溝。大溝) (クェーナ 一三)

のように、助詞「と」「の」などが下接するとともに「しの田はる」「しによみぞ」などの複合名詞の構成要素にもなっている。それからすると、アマミ・シネリは、

〈アマ〉〈ミ〉・〈シネ〉〈リ〉

と分析され、アマ、シネは体言性の形式であることがわかる。

以上をまとめると、アマミヤ・シネリヤは

〈アマ〉〈ミ〉〈ヤ〉・〈シネ〉〈リ〉〈ヤ〉
と分析され、各々が三つの構成要素から成立していることがわかる。

3　アマミヤ・シネリヤの語源

以上のように語構成が明らかになったところで、次にそれらの構成要素の語源（原義）の考察に入ることにする。考察に際しては、これまでの研究成果の中から取り入れるべきものは十分に取り入れて活用し、さらに構成要素どうしの意味関係などにもつとめて留意しながら進めることにする。

まずシネの語源であるが、これは従来いわれているように、「光」または「太陽」を意味する語であろう。これは、

てだ(こ)・せの(み)　（太陽・光）　（オモロ　五一二）
(てる)かは・(てる)しの　（照る日・照る光）　（オモロ　六）
(てる)かは・(てる)しのふ　（オタカベ　一一）
(てる)かは・(てる)しにふ　（クェーナ　六）

などのように、「てだ」（太陽）または「かは」（日）と対をなして用いられている例があるところからもわかる。「せの」「しの」「しのふ」「しにふ」はシネの変化形である。太陽は昔から変わらず照り輝くところから「昔」の意を表し、また「立派な、美しい」などの美称辞としての用法も派生している。美しく荘厳に輝く太陽のさまを謡ったものとして、有名な次のオモロがある。

851　一　てにゝ　とよむ　大ぬし
　　　あけもどろの　はなの

さいわたり
あれよ　みれよ
きよらやよ
又　ちてに　とよむ　大ぬし
あけもとろの　はなの

［訳　天地に鳴り轟く大主（太陽）よ。あけもどろの（美しく光り輝く）花が咲き渡っている。あれを見よ。誠に美しいことよ。］

このように、とこしえから変わらぬ美しい輝きを放つ属性ゆえに、「昔」「立派な、美しい」などの意味も派生してくるといえよう。また、

むかし（はぢまりや）・せのみ（はぢまりに）　（昔始まり。太初の意）　（オモロ　五一二）
しの（田はる）　（クェーナ　五九）

などの例で「むかし」と対をなす「せのみ」はシネリの変化形であり、「しの（田はる）」の「しの」は「立派な」という意味である。このシネは、すでにいわれているように、古代日本語の「しなてる（枕詞）」「しののめ（夜明けにわずかに東の空が白む頃）」「しね（稲）」などの「しな」「しの」「しね」などにもつながる語であろう。

オモロやミセセル、オタカベ、ウムイなどの古謡でもシネはいろいろの変化をみせてあらわれる。

（てる）しな　（照り輝く太陽）　（オモロ　一〇四一）
しに（み　きよ）　（「あまみきよ」の対。大昔の人）　（ウムイ　一六五）
しぬ（み　く）　（「あまみく」の対。大昔の人）　（ウムイ　一九七）
しにう（やきや）　（「あまみきや」の対。大昔の人）　（クェーナ　一五）

（てる）しにふ　（照る太陽）（クェーナ　六）

しね（り　や）（「あまみや」の対）（オモロ　六六〇）

（てる）しの　（「てるかは」の対）（オモロ　一六）

（照る）しのふ　（「照るてろかは」の対）（オタカベ　九）

（てり）しのう　（「てるかはー」の対）（クェーナ　一二九）

（てる）しによ　（「てるかは」の対）（クェーナ　一七）

すなわちシネは、シナ、シニ、シヌ（シニウ、シニフ）、シネ、シノ（シノフ、シノウ、シニヨ）とさまざまな変化形であらわれる。

語頭のシについてみると、これもさらに、

すによ（ら　のろ）（「あまみやのろ」の対）（クェーナ　一七）
せの（み　はちめから）（「むかし　はちめから」の対）（オモロ　三六四）
せる（や森）（「かなや森」の対）（クェーナ　一七）
その（え　ねがみ）（「あまいねがみ」の対。大昔からの根神）（ウムイ　一〇五）

などのように、ス、セ、ソの変化形がみられる。オモロの「せの」は当時の中央語表記に類推して誤って表記したものである。クェーナ、ウムイなどの「すによ」「せる」「その」などは、「しの」の方言形を表記したものであろう。

語末のネは、ナ行のナ・ニ・ヌ・ネ・ノのほかに、

しら（へ　きよ）（「大ぢきよ」の対。尊いお方）（オモロ　九八四）

しる(に　つ)　(「あまんちゆ」の対)　(ウムイ 二五八)
しろ(ん　ちゆ)　(「あまんちゆ」の対)　(ウムイ 一七五)
すゆ(み　ちよ)　(「しるにつ」の変化形。神女名)　(ウムイ 三三〇)
(てる)すい　(太陽)　(ウムイ 三〇五)

などのように、ラ・ル・ロ・ユ・イとラ行、ヤ行へも変化する。

次にシネと対をなすアマについてみると、アマの語源は「あま(海人)」にも「あま(天)」にもさかのぼれる可能性をもつ。ただし、一方のシネが「光、太陽」を意味するものとするならば、アマは意味的関連性の比較的薄い「あま(海人)」とするよりも「あま(天)」と解したほうがより妥当ではなかろうか。オモロに謡われている創世神のアマミキヨをみると、次のようになっている。

512　一　むかし　はぢまりや
　　てたこ大ぬしや
　　きよらや　てりよわれ
　又　せのみ　はちまりに
　又　てた　いちろくか
　又　てた　はちろくか
　又　おさん　しちへ　みおれは
　又　さよこ　しちへ　みおれは
　又　あまみきよは　よせわちへ

又　しねりきよは　よせわちへ
又　しま　つくれてゝ　わちへ
又　くに　つくれてゝ　わちへ
又　こゝらきの　しまじま
又　こゝらきの　くにぐに
又　しま　つくるぎやめも
又　くに　つくるぎやめも
又　てたこ　うらきれて
又　せのみ　うらきれて
又　あまみや　すちや　なすな
又　しねりや　すちや　なすな
又　しやりは　すちや　なしよわれ

〔訳　昔始まりに、太陽神は美しく照り給う。太陽神一郎子・八郎子が高いところにおわして見下ろすと、アマミキヨ、シネリキヨを呼び寄せ給いて、島々、国々を造れと仰せられて、多くの島々、国々を造るまでも、太陽神は待ちわびて、アマミや人、シネリヤ人を生むのか、さればその人を生み給えと仰せられた。〕

このオモロからすれば、「てだ(太陽神)」の近くにアマミキヨ(またはシネリキヨ)がいることになっている。そこは「おさん　しちへ　みおれは(高いところにおわして見下ろすと)」となっているところからすれば、「天」であることがわかる。

すでに伊波普猷が指摘しているように、オモロに謡われているアマミヤは、いずれも「高天原」すなわち「天空」を意味している（伊波　一九三八、五七五頁）。『中山世鑑』の「琉球開闢之事」に出てくるアマミクがいるところも「天」である。そういうことを踏まえながらもなおかつ伊波普猷がアマミヤのアマミを「奄美」とみ、さらに「あまべ（海人部）」に結びつけたのは、『琉球国由来記』にみえるアマミまたはアマミヤに関係する嶽名、神名、神女名が沖縄の北部地域に色濃く分布していること、奄美大島にその祖先が天降りして、のちに南下して行ったという言い伝えがあることなどにもよるが、それ以上に伊波には、民族移動の観点から琉球民族は九州あたりから南下してきたとみる揺るぎない学問的直感がその根底にあるからだとも解される。

歴史の節目ごとに、九州から琉球諸島への民族移動があったことは否めない事実であろう。その一端を示すものとしてよくあげられるのが次のオモロである（伊波　一九三八、四九五頁）。

1027
一　せりかくの　のろの
　　あけしのの　のろの
　　あまくれ　おろちへ
　　よろい　ぬらちへ
又　うむてん　つけて
　　こみなと　つけて
又　かつおうたけ　さがる
　　あまくれ　おろちへ
　　よろい　ぬらちへ

又　やまとの　いくさ
　やしろの　いくさ

［訳　今帰仁勢理客《せりきゃく》の神女、あけしの神女が雨を降らせて、鎧を濡らして、今帰仁の運天に、小湊に着けて、嘉津宇嶽にかかる雨雲で雨を降らし、鎧を濡らして、大和の、山城の軍勢を退ける。］

このオモロは日本本土からの民族移動があったことを示すものといわれている。またオモロ五三八番、五八二番、六三七番、七八三番、一四六三番などが示すように、沖縄と日本本土との交通は古くから行なわれていたらしい。これも歴史のうねりの中で、琉球諸島への民族移動の可能性を示唆するものとなっている。これらの諸状況を踏まえるならば、伊波普猷がアマミは「奄美」に、さらに「あまべ（海人部）」につながるとみたことは、それなりに説得性をもっているといわざるをえないが、それでもアマミについて、それ以外の見方をすべて否定しえているかといえば、必ずしもそうとはいいがたい。すでに述べたように、オモロに謡われているアマミヤ、アマミキヨなどの語は「天」と深く関わっている。たとえば、

242　一　あまみきよか　うざししよ
　この　大しま　おれたれ
　とも〻すへ
　おきやかもいす
　ちよわれ
又　しねりやこか　うざししよ
　此たしま　おれたれ

又　ほうばな　とて　ぬきあけは
　ちりさびは　つけるな
又　ほうざき　とて　ぬきあけは
　かうさびも　つけるな

[訳　アマミキヨ・シネリヤコ神のお指図でこそこの大島に降りて来られたのだ。末永く尚真王様こそましませ。稲の穂花や穂先に塵錆や粉錆もつかないように国王様に奉れ。]

1394　一　あまみや　みるやにや
　まきよ　ゑらてす　おれたれ
　もゝすへ　てつられ
又　しねりや　みるやにや
　ふた　ゑらてす
又　あらかきの　みやに
　まきよ　ゑらてす
又　おきおふぢか　みやに

[訳　あまみや(大昔)のミルヤ神(ニライ神。祖神)がこの村を選んで降りたのだ。新垣の御庭に、先祖の御庭に降りたのだ。末永く祈りおわしますように。]

などのオモロでは、「あまみきよ」「あまみや」が常に「(天から)降れ」という文脈の中で用いられていることがわかる。また、オモロ六一七番でも「あまみや・しねりや」の語をかぶせた君南風神女が国王のために天上界の霊力を降ろすとなっていて、やはりアマミヤ・シネリヤが天上界と結びつけられて謡われている。

伊波普猷は、オモロに天の思想が濃厚にみえるのは一四世紀の終わり頃に中国から伝わった道教の影響によるもので、たとえばすでに示した創生神を謡った五一二番のオモロは「第一尚氏の勃興以後、多分は道教の宏通以後に、創作された神歌であることは疑へない」(伊波　一九三八、五八三頁)と述べている。いわゆるはっきりした天という観念は道教によってもたらされたとみている。しかしまた一方では、「古くからおぼろげには意識されていた天の思想」(伊波　一九三八、五六〇頁)という言い方もしており、天の観念が古くからあったであろうことも認めている。オタカベ・ウムイなどの古謡をみると、そこでもアマミヤ、アマミクなどは天と深く関係づけられて用いられている。たとえば伊波普猷が比較的古いものとしたオタカベ二〇(伊波　一九三八、五二六頁、外間・玉城　一九八〇)の謡い出しは、

むかし始り
けさし始り
あまみや始り
しねりや始め

となっていて、その内容は火の神に豊作を祈願するものとなっている。そのオタカベの中にも「中辺《なかはい》(中空)」「天のてだ(太陽・日神)」という観念がみえている。またアマミクと稲作の関係については、外間(一九八五)が詳しく論じているが、ミセセル、ウムイなどの古謡で謡われているアマミクによる稲作も、基本的には高天原で行なわれているものをこの地でも始めたという発想が根底にあるとみてよい。これについては、いみじくも伊波(一九三六)では「古琉球人が天上でもやはり田植をしてゐると、考へてゐたことは、アマーオェーダー(天つ

御田《みた》)という語があるのを見ても知れるが」(二五五頁)のように述べられている。アマーオェーダーは、
一　あまみきよがはじめて
二　しにみきよがのらて
あまゑだや　くみとわきやがゆる　(外間・玉城　一九八〇。ウムイ　一六五)

[訳　あまみきよが稲作を始めて、シネリキヨが祈って、天の御田は米が湧き上がるように実る。]

などのように謡われる。

また、同じくオタカベ一三にも「天のみや」(天の庭)という表現があり、明らかに「天」の観念がみえている。こういう例はミセセル、オタカベ、クェーナ、ウムイなどの古謡でも数多く見出される。さらにこれも伊波普猷が指摘しているところであるが(伊波　一九三六、三四六頁)、『琉球国由来記』巻十四に津堅島の「ヘカルアマミヤ嶽」が載っている。ヘカル(光る)アマミヤ嶽という意味である(伊波他　一九七二)。ヘカル(光る)は美称的用法として「太陽」、「天空」とも深く関わっているものと解される。

以上の諸例からするならば、やはり古琉球人にも「天」の観念がありアマミヤ、アマミキヨなどのアマは、「天」を意味したとみたほうがより妥当であろう。

〈アマ〉〈ミ〉・〈シネ〉〈リ〉における〈アマ〉が「天」、〈シネ〉が「光、太陽」を意味するのであるならば、次に〈ミ〉〈リ〉は何であろうか。それについて考察する前に、アマミ・シネリはそれ以外にも多様な形であらわれるので、まずそれらの語形についてみてみよう。アマミとシネリの末尾の部分に着目して示す。

〈―み〉

あまみ(クェーナ　一五)／しのみ(クェーナ　一五)、せのみ(オモロ　五一二)、しぬみ(ウムイ　一九七)、しに

み（ウムイ　一六五）、しるみ（クェーナ　八七）、しらみ（クェーナ　八九）、

〈―に〉

あまに（オモロ　四〇）／しるに（ウムイ　二五八）、しらに（ウムイ　五六）、

〈―ん〉

あまん（ウムイ　二五四）／しるん（ウムイ　二五四）、しろん（ウムイ　一七五）、しねん（ウムイ　一三一）、しゅん（クェーナ　八二）

〈―へ（べ、ヒ、ビ）〉

あまへ（オモロ　九三七）／しらへ（オモロ　九八四）、しなべー（ウムイ　二五〇）、しのひ（オモロ　八六二）、しらび（クェーナ　九四）、

〈―ゑ（え）〉

あまゑ（オモロ　二七六）／しによゑ（クェーナ　一九）、そのえ（ウムイ　一〇五）

〈―い〉

あまい（ウムイ　一〇五）／しぬい（ウムイ　三九四）

〈―リ〉

（ゼロ）／しねり（オモロ　五一二）

これから、アマ形とシノ形は末尾で、概略次のような相似関係を示すことがわかる。

あまみ／しのみ（せのみ、しぬみ、しにみ、しるみ、しらみ）

あまに／しるに（しらに）

あまん／しるん（しろん、しねん、しゅん）
あまへ／しらへ（しなべー、しのひ、しらび）
あまゑ／しによゑ（そのえ）
あまい／しぬい
（ゼロ）／しねり

ただシネリだけは、それに対して予想されるアマリなどのような形が見出せない。それ以外はアマ形とシノ形の末尾はみごとに相似しているといわざるをえない。これからすれば、これら末尾の形式はもと同一のものであった蓋然性が高い。

では、末尾のミ、ニ、ン、ヘ、ヱ、イなどはもと何であろうか。その末尾形式を大きく分類してみると、〈ミ系〉と〈ヘ系〉に分かれる。〈ミ系〉は、ミ→ニ（ン）→リと変化し、ミが古い形と解される。シネリのリはこの系統に属する。一方の〈ヘ系〉は、ヘ→ヱ→イと変化している。ヘ→ヱの変化はハ行転呼音現象によるもの、ヱ→イは5母音の3母音化によるものである。へは「しのひ」のようにヒともなり（5母音の3母音化）、また語中で有声化して「しなべー」「しらび」のようにベ、ビともなる。ヘ系ではヘが古い形と解される。

次に、ミとヘではどちらが古いかといえば、ヘが古いと解される。ヘは古くは[pe]だったであろう。この[pe]が、その前のアマ・シノにおける鼻音[m][n]の影響により[me]に変化したと解される。

では、ヘは何を意味する語かといえば、これはおそらく「くもへ（雲辺、雲方）」「なかへ（中辺、中方、中空）」「あがるへ（東方）」などの「へ」と同源であろう。その変化過程をまとめて示すと、次のようになる。

ペ [pe]（辺、方）→ ミ [mi] → ニ [ni] → リ [ri]
ペ [pe]（辺、方）→ ヘ [φe] → ヒ [φi]
ヘ [φe] → ヱ [we] → イ [i]
ペ [pe]（辺、方）→ ベ [be] → ビ [bi]

これらの末尾形式がアマとシノについて、次のように変化している。（　）に入れた形式は想定形。

アマペ（天の方）→ アマミ → アマニ、アマン
アマペ（天の方）→ アマヘ → アマヱ → アマイ

シノペ（光の方）→ シノミ → シルニ → シネリ
シノペ（光の方）→（シノヘ）→ シニヨヱ → シヌイ
（シノヘ）→ シノヒ
シノペ（光の方）→ シラヘ → シナベ
シラヘ → シラビ

アマミはアマニ、アマンと変化し、さらにアマリという形への変化も予測されるが、アマリという語形は見出しえない。これに対しシノミは、シルニ→シネリの語形が見出せる。これら諸種の語形変化は、概してオモロよりもミセセル、オタカベなどの古謡において激しい。オモロではアマミとシネリが対語として安定して用いられている。これは、オモロが中央（首里）において文字で書き記され編纂されたものであるのに対し、ほとんどの古謡

は地方の生活の中で比較的口承性を保って受け継がれてきたという性格によるものと解される。いずれにしても、アマミ・シネリは語源を辿ってゆくと、語意的には「天(の)方」「光(の)方」で対をなしたものと解される。このアマミ・シネリにヤ(屋)がつくと、アマミヤ(天の方の屋)・シネリヤ(光の方の屋)となり、キヨ(子)がつくと、アマミキヨ(天の方の子)・シネリキヨ(光の方の子)となる。これからすると、アマミヤ・シネリヤ信仰はまさに太陽を崇める太陽信仰であったことがわかる。

伊波普猷は北方からの民族移動と絡めてアマミを「奄美」「海人部《あまべ》」とみたが、文献資料ではアマへはあってもアマベは見出しえない。しかし、対語のシネ系統のものにシナベ、シラビがあり、また文献では濁点が記されない場合も多々あるので、文献資料のアマへはアマベであった可能性もある。そこで伊波普猷はアマベ(海人部)がアマミ(奄美)になったとみている(伊波　一九三八、五七九～五八〇頁)。ただしその可能性とほとんど同じくらいに、あるいは対語における意味的関連を考えるならばそれ以上の確率をもって、アマペ(天の方)がアマミになった可能性も存在する。少なくとも文献資料を言語学的にみる限りにおいてはそうである。そうなると、問題は「天」の観念が古くからあったのか、あるいは一四世紀の終わり頃中国から伝わった道教によってもたらされたものなのかということである。伊波普猷が説くように(伊波　一九三八、五六〇頁、五八三頁)、天の思想が道教によって一四世紀の終わり頃から濃厚になったとしてももしおぼろげながらでも古くから「天」の観念があったとしたら(あったとみるほうがむしろ順当であろう)、アマミは「天の方」と解することも十分可能である。

以上のように、アマミは語源的にはアマペ(天の方)と解されるが、それがアマペ→アマミと変化してゆく過程の中で、特に祖霊信仰の厚い沖縄でいつしか北方からの民族移動と結びつけられて、アマミを「奄美」さらには「海人部」とするとらえ方がなされた可能性も十分に考えられる。あるいはそのとらえ方がアマペ→アマミの変化を惹起したとも考えられる。間宮(二〇〇八)では、アマミヤ・シネリヤを「天の御屋」・「太陽の入り屋」ととらえている。アマミのミ、シネリのリのとらえ方が筆者とは違う。ただこのとらえ方ではミ(御)とイリ(入り)の対語としての意味的関連性、さらにはシノイリ[ʃinoiri]では語中での連母音の融合が見落とされている。オイ[oi]はたとえば那覇方言イー[iː]となる。沖縄北部方言などではウイ[ɯi]となる。シノイリ→シニーリ→シニリとなったとしても、シニリという語形は文献資料では見出しえないという難点がある。しかし、今後検討してみるに値する新しい見方であることは間違いない。

二　対語にみる太陽

オモロ、ミセセル、オタカベ、クェーナ、ウムイなどの古謡には次の形式を構成要素としてもつ対語が多い(以下、ミセセル、オタカベ、クェーナ、ウムイの用例はすべて外間・玉城(一九八〇)に負う)。

シノ(光、太陽)、カ(日)、ケ(日)、テダ(太陽)、アマ(天)、ムカ(昔)

これら構成要素の意味を検討してみると、その根底には「太陽」があるようである。カ(日)、ケ(日)は意味的にはシノ(光、太陽)、テダ(太陽)に通じる。またアマ(天)はテダの居るところであり、ムカ(昔)は永久《とわ》という属性で太陽につながる。要するに意味的にはこれらの構成要素はテダ(太陽)に集約されることになる。

さて、アマミヤ(天の方の屋)・シネリヤ(光の方の屋)がアマ(天)とシネ(光)を構成要素としてもつ対語であることについてはすでに述べた。これらの構成要素をもつその他の対語についてみてゆく。これはまた同時にアマミのアマを「天」とみる見方の妥当性を裏付けることになる。

1　テダコ（太陽）・セノミ（光の方）

これは、すでに示した創世神を謡った五一二番のオモロにみえている。該当箇所以外の前後は略して示す。

てだこ　うらきれて
せのみ　うらきれて
［訳　太陽神は待ちわびて。］

テダコはテダ（太陽）コ（子。尊敬接尾辞）からなり、「太陽神」の意、セノミはセノ（光）ミ（方）からなり、同じく「太陽神」を表す。セノはシノ（光）の変化形で、5母音体系の本土中央語に類推してできた誤った類推仮名遣いによるものである。テダ（太陽）とシノ（光）を構成要素とした対語で、そこにも太陽信仰がみられる。また間宮（二〇〇八）の論に従えば、セノミは「光の御」となってしまい、テダコの対としては意味的に落ち着かない。

2　テルカハ（照る日）・テルシノ（照る光）

これは六番のオモロにみえている。

一　きこゑ大きみきや
かくらゑが　とりよわちへ
あんしおそいす
とも〻すへ　ちよわれ
又　とよむせたかこか
又　てるかはと　よきやて

又　てるしのと　よきやて
又　首里もりくすく
　　おれておれふさよわ
又　またまもりぐすく
「又　きゝやの　うきしま
　　きゝやの　やけしま」
又　首里もりくすく
　　世がけにせ　あんしおそい
又　またまもりくすく
　　おそいにせ　あんしおそい
又　きこゑあんしおそいや
　　かくらきやめ　とよで
又　とよむあんしおそいや
　　おぼつきやめ　とよで
〔訳　名高く霊力豊かな聞得大君が天上の吉日を選んで天降りなさる。国王様は末永くおわしますように。聞得大君が太陽神と出会って、首里杜ぐすく、真玉杜ぐすくに天降りし、栄えておわしますように。首里杜ぐすく、真玉杜ぐすくで世を治め、支配なさる国王様は天上界まで鳴り轟いておわしますように。〕

なおこのオモロで括弧に入れた部分はほかからの混入といわれている。このテルカハ・テルシノの対語は数多くのオモロでみられる。テルカハのカハ(日)は奈良時代「か(日)、け(日)」につながるものである。末尾のハは長音を表す。これもカハ(日)、シノ(太陽)を構成要素とする対語で、太陽と深く関わっている。

3　セルヤ(光の屋)・カナヤ(日の屋)

これはクェーナ一七にみられる。関連する部分のみを示す。

天にてるてるかは
てるしによと
すじふてち
けうふてち　なりめしよわちへ
みまふりめしよわれ
せるや森
かなや森
大つかさ
すでつかさ
たかへて

［訳　天に照る太陽と霊力を一つになり給いて、見守り給え。セルヤ・カナヤ森で立派な大司神女が神に祈る。］

ここでみられるセルヤのセルはシノの変化形、ヤは「屋」であるから、セルヤは「光の屋」となる。カナヤはカ(日)ナ(の)ヤ(屋)であろう。「てるかは」(照る日。太陽)、「てるしによ」(照る光。太陽)と連動して用いられていることもこれを裏付ける。

4　ソノ(光)・カナ(日の)

これは九一番のオモロにみえている。比較的長いオモロなので、該当箇所の部分のみを示す。

又　そのひやふは　かなひやふは
　　つかさ　いのり　しよわちへ
又　ましらごは　つみあげて
　　かなぢや　たてなおちへ
又　おぼつより　かゑて
　　けよの　うちに　もどて
　　きみきみしよ
又　てるかはわ　てりより
　　てるしのは　おしより
　　きみきみしよ　世しれ

［訳　園比屋武嶽、金比屋武嶽は司神女が祈り給いて、石垣を積み上げて、立派な門を造り建て直し給いて、天上から帰って、首里城内の気の内に戻って、神女たちこそ(世を守護し給え)。太陽は照り輝き、神女たちこそ世を守護し給え。］

その中で「そのひやふ」「かなひやふ」がみえていて、その構成要素にソノ・カナがある。「そのひやふ・かなひやふ」は、もちろん首里城守礼門の左手にある嶽名で、「園比屋武・金比屋武」の漢字が当てられている。このソノはシノ(光)の変化形で、カナは「日の」であろう。したがって、「そのひやふ」「かなひやふ」はシノ(光)、カ(日)の構成要素を語頭にもつ対語といえよう。「おぼつ(天上界)」や「てるかは(太陽)」「てるしの(太陽)」と連動して用いられているのもこれを証する。

さらにいえば、「そのひやふ」「かなひやふ」はシノヘヤー(光の方の屋)、カナヘヤー(日の方の屋)ではなかろうか。シノ(光)ヘ(方)ヤー(屋)、カ(日)ナ(の)ヘ(方)ヤー(屋)の構成である。末尾の「ふ」は長音を表記したものであろう。そうなると、シノミ(光の方)の比較的古い語形、すなわちシノヘ[jinoɸe]が固有名詞の中に残っていたことになる。「そのひやふ」は、尚巴志王時代は天下の名木、珍花を集めた植物園で、それを尚円王統に至って御嶽(拝所)に改められたようであるが、その命名にあたっては王統の権威付けのため太陽にちなんだ名付けがなされたものと解される。

5　ゲライ(日の方)・カナイ(日の方)

オタカベ、クェーナ、ウムイなどの古謡には、カナイ、カナヤと対をなすゲライ、ギライ、チロヤ、デルヤなどの語形がみられる。

　げらい　通しめしよわれ
　かない　通しめしよわれ　（オタカベ　六六）
　［訳　ゲライ、カナイに〈願いを〉通してください］
　ぎらいかない　御せじがなし　（オタカベ　六九）
　［訳　ギライカナイの霊力様〈神様のこと〉］

ちろや　大司
かなやすて　大司　（クェーナ　一〇）
［訳　チロヤ・カナヤの立派な神女様］
ぢるや
かなやに　いまふれば　（オタカベ　三）
［訳　ヂロヤ・カナヤにいらっしゃると］

ゲライまたはその変化形のギレーは、次のように美称としての用法もある。

たゞみきよう
げらいきよう　（オタカベ　八九）
［訳　尊い立派なお方］
たたみちゅー
ぎれーちゅー　（クェーナ　八五）
［訳　尊い立派な人］

これは、オモロの「けらへきみ（立派な神女様）」（オモロ　五六〇）、「けらへこ（立派な神女様）」（オモロ　六二〇）などのケラへと系統を同じくするものであり、また同じくオモロの「けらへ（造る）」（オモロ　一〇一）にもつながるものである。

さて、オタカベなどの古謡でカナイ（日の方。海の彼方の楽土）と対をなすこのギライおよびヂルヤについて、伊波普猷はニライのニ（土）が新語のヂ（地）にすげかえたものという見方を示している（伊波　一九三八、五五三頁）。

すなわちギライ、ヂルヤなどのギ、ヂを「地」とみたわけである。ゲライについては言及がなされていないので、よくわからないが、これらの語の語源を考察するにあたっては、ゲライは見落としてはならないものである。ゲライ、ギライ、ヂルヤのゲ、ギ、ヂはおそらく同源であろう。そこでオモロで「地」はどう表記されているかをみてみると、「ぢい」(オモロ 二二二)と書かれた例はあるが、ゲかギで書かれた例はみあたらない。古謡でも「じー」(クェーナ 一二七)、「ぢ」(オタカベ 三八)、「ち」(クェーナ 一四八)、「ちち」(クェーナ 八七)、「みちゃ」(ウムイ 二六一)、「んちゃ」(クェーナ 一八二)などの例はみえるが、ゲ、ギで書かれた例は見出しえない。

琉球方言の音韻変化からすれば、ゲ→ギ→ヂの変化は順当であるが、逆のヂ→ギ→ゲは、いわゆる本土中央語表記へ戻そうとして誤った類推をした類推表記などにはみられたとしても、あまり一般的ではない。ゲライに関していうならば、ヂライの誤った類推表記によるものとは考えにくい。ゲ(ケ)、ギ(キ)、ヂ(ジ、チ)の変化をみせている用例を「けさし」(昔)でみると、次のようになる。

げいさし (クェーナ 三四)
けさし (オタカベ 二)
ぎさし (クェーナ 五〇)
きさし (オタカベ 一)
ちさち (ウムイ 四三五)

また「げに」(実に)の変化形は次のようにあらわれる。

げに (ミセセル 四)
ぎに (クェーナ 九〇)

ぜに　（クェーナ　五〇）
じに　（クェーナ　三四）
ちに　（ウムイ　三三一）

これらの用例からすれば、ゲライの場合も、ゲライ↓ギライ↓デルヤ（チルヤ、チロヤ）の変化を経ているとみた方が順当であろう。またゲライとケラヘとでは後者のケラヘがもとの形と解される。ケラへは「けさけらへ（立派な建物）」（オモロ　七八五）、「ゑんけらへ（立派な建物）」（オモロ　一四〇九）、「きみけらへ（立派な神女）」（オモロ　一〇四二）などのように語中で用いられているうちに濁音化してゲライとなったものであろう。

ではケラへは何であるかといえば、おそらく「ケ（日）ラ（の）へ（方）」であろう。要するにゲライ・カナイはケラへ（日の方）・カナへ（日の方）という原義で対句を構成しているものと解される。オタカベなどで、

てんぢ　通しめしよわれ
あめぢ　通しめしよわれ
げらい　通しめしよわれ
かない　通しめしよわれ

［訳　天地にお通しください。日の方にお通しください。］

のように、「てんぢ・あめぢ」の対語とともに用いられているのもこの見方を支持する。この「日の方」という原義からケラへ・カナへに「海の彼方の楽土」という意味も生じたのであろう。さらに海の彼方の楽土のような美を造営する意には、語尾ルを下接させてケラヘル（造営する）という動詞も派生したものと解される。ちなみに古謡でもケラへ（造営する）という語の変化形は「けらへ」（ミセセル　一九）、「げらい」（ウムイ　四八）、「ぎらい」

（クェーナ 二九）、「ぎれー」（クェーナ 九三）などのようにあらわれる。ただし、「造営する」という意味でのギライまたはヂレーなど、語頭が口蓋化した語形は見出しえない。これはケラへに「造営する」の意味が比較的遅れて生じたためではなかろうか。すなわちケ→ゲ→ギ→ヂと変化して地理的分布を見せたあとに、ヂライまたはヂレー以外の語に新たに加わった意味ではなかろうか。本土中央語にはケラへ（造営する）に対応する語形が見出しえないが、これも沖縄固有の概念から生まれてきたものだからと解される。

さらにいうならば、同じく「海の彼方の楽土」を意味する対語ニライ・カナイのニライとゲライ・カナイのゲライとの関係も考えてみる必要があろう。それについてはすでに柳田國男が「この儀来婆の儀来はギライカナイ、即ちおもろ草紙のニライカナイの転訛であった」と述べている（柳田 一九五〇、『定本柳田國男集』第1巻四一頁）。すなわちニライ→ギライと変化したとみている。そしてニライのニを「根」とみている（柳田 一九五〇、『定本柳田國男集』第1巻六四頁）。外間守善も同じくニライのニを「根」とみている（外間 一九八一、一二五頁）。一方、伊波普猷はこのニを「土」とみている（伊波 一九三八、『全集』第5巻五五三頁）。中本正智も同様の見方に立ち、ニライを「土の屋」とみている。

これらの見方に対して、別の見方も可能ではなかろうか。柳田のニライ→ギライの見方とは逆になるが、ケラへ（日の方）→ニライの変化である。すなわちケラへ→ゲラへ→ギラへ→ニライ→ミロヤの変化である。ケラへからギラへまでの変化は琉球方言の音韻変化からすれば順当である。語頭のケ→ゲ→ギの変化についてはすでに述べた。ギラへからニライへの変化はギ→ニの変化である。ギ→ニの変化は、琉球方言にみられる。たとえば奄美喜界島湾方言にクニ [k$^{?}$uni]（釘）、ムニ [muni]（麦）、志戸桶《しとおけ》方言にヒニ [çini]（ひげ）、八重山竹富島、石垣、大浜、黒島などではピニ [pini]（ひげ）があらわれる。これからすれば、ギラへ→ニライの変化は可能であろう。ニライ

→ミロヤの変化はニ→ミの変化である。これも与論島方言のミー[niː](荷)、ミシ[miʃi](北)、ミチ[miʧi](煮て)などの例からすれば(中本 一九七六)、可能な変化である。そうなると、ニライもケラヘ(日の方)の変化したものととらえることが可能となり、ニライ(日の方)・カナイ(日の方)も太陽信仰に根ざす対語ということになろう。

6　ケラヘ(日の方)・シラヘ(光の方)

ケラヘには「日の方」「海の彼方の楽土」「立派な(美称)」「造営」などの意があることについてはすでに述べた。ケラヘが「日の方」を原義としていることは、これがシラヘと対語をなしていることからもわかる。

428　一　おもろねやかりや　けらへ
　　せるむねやかりや　しらへ
　　おきなわ　とよむ
　　ま物うち　みちやる
　又　けおの　よかるひに　けらへ
　　けおの　きやかるひに

[訳　おもろ音揚がりが立派に作る。今日の吉日に、今日の輝かしい日に作り、沖縄中に鳴り轟く真物内をみたことであるよ。]

ここでは、ケラヘ・シラヘは「作る」の意を表しているが、ケラヘと同様、シラヘも「しらへきよ(立派な方)」(オモロ 九八四)のように美称としても用いられる。シラヘはシラ(光)とヘ(方)からなる。シラはシノ(光)の変化形である。ケラヘ・シラヘは「日の方」「光の方」の原義で対語をなしていることがわかる。

7　アマニコ（天の方の子）・ケサニコ（先の方の子）

これは四〇番のオモロなどで、次のようにあらわれるものである。

又　あまにこの　うらやて

　　けさにこの　きこゑて

［訳　あまにこ神、けさにこ神が感応して］

アマニコはアマ（天）ニ（方）コ（子）の構成となっていて、「大昔の人、沖縄の創世神」を表す。ケサニコはケサ（先、大昔）ニ（方）コ（子）の構成で、これも「大昔の人」を表す。アマ（天）とケサ（大昔）で対をなしていて、これも「太陽」と深く関わっている。

8　ムカシ（昔）・セノミ（光の方）

これは五一二番のオモロなどで、次のようにあらわれる。

一　むかし　はぢまりや

　　てたこ　大ぬしや

　　きよらや　てりよわれ

又　せのみ　はぢまりに

　　（以下略）

これは、創世神を謡ったオモロである。セノミはすでにみてきたように、「光の方」を原義とする。これはムカシ（昔）と対語をなすときは「昔」の意味を表すが、テタコ（太陽の子、太陽神）と対語をなすときは「太陽神」

を表す。テタコと対語をなす例は同じく五一二番のオモロにみられる。

又　てたこ　うらきれて
又　せのみ　うらきれて

おわりに

オモロや古謡には「太陽」の意を根底にもつ対語が多い。当時の人々にとっては「太陽」は幸せをもたらす源であり、恵みを与えてくれる根源としてとらえられ、それなるがゆえにまたそこに「神」をみたことと解される。アマミヤ・シネリヤをみてゆくうちに、語形的・意義的に深く関わるその他の対語の存在に気づき、それらを考察してゆく中からぽっかりと顔を出してきたのが「太陽」であった。これは沖縄の根底に太陽信仰が深々と横たわっていることを示す。

参考文献

伊波普猷（一九三六）「南島の稲作行事について」（『伊波普猷全集』第5巻　平凡社　所収）
伊波普猷（一九三八）「あまみや考」（『伊波普猷全集』第5巻　平凡社　所収）
伊波普猷・東恩納寛惇・横山重編（一九七二）『琉球国由来記』（『琉球史料叢書』一・二巻）東京美術
内間直仁（一九八九）「アマミヤ・シネリヤ考」（『沖縄文化40周年記念誌』沖縄文化協会）
内間直仁（一九九四）『琉球方言助詞と表現の研究』武蔵野書院

沖縄古語大辞典編集委員会(編)　(一九九五)『沖縄古語大辞典』角川書店
中本正智　(一九七六)『琉球方言音韻の研究』法政大学出版局
中本正智　(一九八五)『日本語の系譜』青土社
外間守善　(一九八一)『沖縄の言葉』(日本語の世界9)　中央公論社
外間守善　(一九八五)『おもろさうし――古典を読む』岩波書店
外間守善　(一九八六)『沖縄の歴史と文化』中央公論社
外間守善　(一九九三)『おもろさうし』角川書店
外間守善　(一九九六)『南島文学論』角川書店
外間守善(校注)　(二〇〇〇)『おもろさうし』(上、下)(岩波文庫)　岩波書店
外間守善・玉城政美　(一九八〇)『南島歌謡大成　1』(沖縄編　上)　角川書店
間宮厚司　(二〇〇八)『沖縄古語の深層――おもろ語の探求』森話社
村山七郎　(一九七〇)「しなてる・てるしな考」『国語学』82　国語学会(現　日本語学会)
柳田國男　(一九五〇)「海神宮考」(『定本柳田國男集』第1巻　筑摩書房)

第十章　助詞「の」の表現

はじめに

助詞「の」の表現は、自明なるものは省略するということを抜きにしては考えられない。すなわち省略化、簡略化のうえに成り立った表現である。漢字語の簡略化表現の一部もこの助詞「の」の表現と決して無関係ではない。ここでは助詞「の」の表現にみられる簡略化について述べる。また漢字語の簡略語の一部もこの「の」の表現と深々とつながっているということについてもみてゆく。

一　連体助詞「の」の表現

まず、連体助詞「の」の表現にみられる簡略化についてみてゆく。連体助詞「の」の表現をみてゆくと、その中に自明なるものとして「格関係の一部を省略したもの」「連用修飾関係の一部を省略したもの」「接続関係の一部を省略したもの」の三種があることがわかる(内間(一九九〇、一九九六)の論を多少補筆訂正している)。

1　格関係の一部を省略した「の」

ここでいう「格」とは、体言が他の語に対して持つ論理的関係(一義的関係)のことをいう(北原 一九八四a)。論理的関係とは、わかりやすくいえば、体言と用言などとの一つの資格関係、一つの意味関係をいう。二つ以上の資格関係(意味関係)は、曖昧関係で論理的関係とはいわない。たとえば、助詞「は」は「格」を表さない。「猫は魚を食べても、鼠は食べない」などにおいて、「鼠は」は文脈によって「鼠が」の意にも「鼠を」の意にもなるからである。このように「格」を規定すれば、「格」を表す格助詞は「が、を、に、へ、と、から、で、より」の八個ということになる。

さて、格関係を省略した「の」の基底には、次のような基本構造(甲)が見出される。

基本構造(甲)《A体言＋格助詞＋連体形＋B体言》

その構造の中で、A体言と用言連体形との関係は格助詞が表示している。すなわち「A体言＋格助詞＋連体形」の部分が格関係を構成している。その格関係が文脈や場面などにより自明となっている場合、「格助詞＋連体形」の部分が省略され、代わりに助詞「の」がA体言とB体言を結ぶことになる。その結果、次の(1)の連体修飾形式が成立する。

(1)〔A体言＋の＋B体言〕

その例を、基本構造(甲)とともに示すと、以下のようになる。①が基本構造(甲)で②が連体修飾形式である。下線は置き換わる部分である。

①蛙が鳴く声が大きい　→　②蛙の声が大きい

①歌を詠む会も作る　→　②歌の会も作る

①京都に住んでいる友人と会う　→　②京都の友人と会う

①広島で行なわれた学会は盛会であった　→　②広島の学会は盛会であった

①従来から行なわれている気象観測では間に合わない　→　②従来の気象観測では間に合わない

この「A体言＋の＋B体言」の表現は、従来からすでに指摘されているように、具体的な文脈や場面から離れると、A体言とB体言の意味関係がきわめて曖昧なものとなる。たとえば「漱石の写真」は、文脈や場面の支えがないと、「漱石が写した写真」なのか、「漱石を写した写真」なのか、あるいは「漱石が所有していた写真」なのかはっきりしない。それは当然で、A体言とB体言の明瞭な意味関係を支えているのは、基本構造(甲)における「格助詞＋連体形」の部分である。それが自明なるものとして省略され、代わりに「の」が用いられているが、「の」は体言と体言を結ぶ役割を担うだけである。そのために具体的な文脈や場面を離れると、「の」を通してそこに省略されている「格助詞＋連体形」が直ちに喚起されえない場合もある。これがA体言とB体言の意味関係が曖昧となる理由である。

その意味の曖昧化を構造上でも多少なりとも防ごうとするときは、全体としてはA体言とB体言を「の」で結ぶという構造をとりながらも、「の」の前後である種の工夫がなされる。

その一つの工夫は、「の」の後に名詞性の「連用形」を加えることである。その結果、次の(2)の連体修飾形式が成立する。

(2)〔A体言＋の＋連用形＋B体言〕

その例を基本構造(甲)とともに示すと、次のようになる。例の示し方は(1)の場合と同じで、以下それに準じる。

①私がやるやり方がまずい　→　②私のやり方がまずい

①仕事が進む進み具合を見る　→　②仕事の進み具合を見る
①酒を飲む飲み方を知らない　→　②酒の飲み方を知らない
①身を置く置き所がない　→　②身の置き所がない
①今の子は木に登る登り方を知らない　→　②今の子は木の登り方を知らない
①掲示板に貼る貼り紙を作る　→　②掲示板の貼り紙を作る

この構造における「連用形＋B体言」の部分は、全体で体言性の複合語となっている。したがって、構造上は(1)「A体言＋の＋B体言」の構造にかなり近く、その派生形式とでも称しうるものである。しかし「連用形＋B体言」の部分が全体で体言性ではあっても、名詞性の連用形が加わったことによって、B体言の意味がより具体化され、そのために「の」の背後に省略されている「格助詞＋連体形」が比較的喚起されやすくなっている。すなわち連用形は比較的抽象的なB体言の意味を具体化するために加えられたもので、その点では(1)の構造とも多少異なる。

(1)の構造における意味の曖昧化を避けるための二つ目の工夫は、「の」の後に「連体形1」を加える方法である。その結果、次の(3)の連体修飾形式が成立する。

(3)〔A体言＋の＋連体形1＋B体言〕

その例を基本構造(甲)とともに示すと、次のようになる。

①駅前にある大きいお店　→　②駅前の大きいお店
①国境にある長いトンネル　→　②国境の長いトンネル
①夏における短い期間　→　②夏の短い期間

①ヨーロッパにおける長い旅　→　②ヨーロッパの長い旅

この構造と外形上まったく似ているのが後述の(5)の構造である。しかしこの構造における「連体形1」と、(5)の構造における「連体形2」とは、係り承け関係がまったく違う。「連体形1」と「連体形2」を区別した理由はそこにある。この構造における「連体形1」と「B体言」は修飾と被修飾の関係にあって「連体形1」は「B体言」の意味を具体化している。したがって、この場合も「の」の背後で省略されている「格助詞＋連体形」が比較的容易に喚起されるようになっている。この点では(2)の構造とほぼ同じであるが、(2)の構造では「連用形」と「B体言」が結合して複合語を形成し、全体で一つの単語、文の成分としては「A体言＋の」の被修飾成分となっているのに対し、(3)の構造では「連体形1」と「B体言」は別々の単語、文の成分としては修飾成分(連体形1)と被修飾成分(B体言)の関係になっていて、この点で両者は違う。

意味の曖昧化を避けるための三つ目の工夫は、基本構造(甲)において、「格助詞＋連体形」の部分を一挙に省略して(1)の構造にするのではなくて、「格助詞」か「連体形」のどちらか一方だけを省略する方法である。次の(4)の構造は、その中の「連体形」を省略し、代わりに「の」を用いて「A体言＋格助詞」と「B体言」を結びつけた連体修飾形式である。

(4)〔A体言＋格助詞＋の＋B体言〕

その例を基本構造(甲)とともに示すと、次のようになる。

①駅へ続く道を急ぐ　→　②駅への道を急ぐ

①友達と話す話がある　→　②友達との話がある

①母から来た手紙を読む　→　②母からの手紙を読む

①東京で送る生活が長い　→　②東京での生活が長い
①何より勝る贈り物です　→　②何よりの贈り物です

これを仮に「格助詞＋連体形」の部分を省略して(1)の構造、たとえば「①駅へ続く道を急ぐ→②駅の道を急ぐ」にすると、「駅の道を急ぐ」は日本語の表現としては間違っていないが、「駅へ続く道を急ぐ」の意味にはならない。「駅の道を急ぐ」は「駅に沿う道を急ぐ」か「駅をまたぐ道を急ぐ」の意味にも取られかねない。その意味の曖昧化を避けるためには格助詞「へ」の顔出しがどうしても必要なのである。

この構造では「格助詞」の顕現によって、「の」の背後に省略されている連体形が容易に喚起されるようになっている。そのためにA体言とB体言の意味関係も比較的わかりやすくなっている。

意味の曖昧化を避けるための四つ目の工夫は、すでに述べた「格助詞＋連体形」の部分で、今度は「格助詞」を省略し、代わりに「の」を用いて「A体言」と「連体形＋B体言」を結びつける方法である。その結果、次の(5)の連体修飾形式が成立する。

(5)〔A体言＋の＋連体形2＋B体言〕

その例を基本構造(甲)とともに示すと、次のようになる。

①千鶴子が居ない人生は考えられない　→　②千鶴子の居ない人生は考えられない
①内容が貧弱な新教育制度ができた　→　②内容の貧弱な新教育制度ができた
①色が白い花を買う　→　②色の白い花を買う

これも仮に「格助詞＋連体形」の部分を省略して(1)の構造、たとえば「①千鶴子が居ない人生は考えられない→②千鶴子の人生は考えられない」にすると、「千鶴子の人生は考えられない」は日本語の表現としては間違っていないが、「千鶴子が居ない人生は考えられない」の意味にはならない。「千鶴子の人生は考えられない」は「千鶴子がこれから送る人生は考えられない」の意味に取られてしまうであろう。一方「連体形2」を省略して「千鶴子がの人生」にすると、日本語の表現として成り立たない。それらを避けるためには連体形「居ない」の顔出しはどうしても必要なのである。

(5)の構造は、外形上(3)の構造とよく似ているが、「連体形」の働きがまったく違う。(3)の構造の「連体形1」は、すでに述べたように、後続の「B体言」と修飾被修飾の関係を構成しているのに対し、(5)の構造の「連体形2」は、「A体言」といわゆる主述関係を構成している。(3)の構造の「連体形1」と区別して(5)の構造の「連体形」を「連体形2」とした理由はそこにある。

(5)の構造における連体修飾形式の「の」の用法を主格用法(主格を表す)とみる見方がある。しかし主格を表しているのは、決して「の」ではなく、その背後に省略されている「が」である。そのことについては改めて後述する。

以上(1)から(5)までの構造にあらわれる「の」は、その背後に格関係の一部の省略を包み込んで用いられたものであるが、その省略されている格関係の一部は、具体的な文脈や場面では「の」を通していつでも容易に喚起されうるという条件の下で省略を受けている。

以上が〈格関係の一部を省略した「の」〉の表現である。

2　連用修飾関係の一部を省略した「の」

「の」は連用修飾関係の一部を省略したものの代わりにも用いられる。その基底には次のような基本構造が見出される。

基本構造(乙)《連用修飾成分＋連体形＋B体言》

その中で、「連体形」の部分が文脈や場面などで自明となっている場合はそれが省略され、代わりに「の」が「連用修飾成分」と「B体言」を結ぶ形となる。その結果、次の連体修飾形式が成立する。

〔連用修飾成分＋の＋B体言〕

その例を基本構造(乙)とともに示すと、次のようになる。①が基本構造(乙)で②が連体修飾形式である。

①明日行なわれる試合 → ②明日の試合
①遠く見える山々 → ②遠くの山々
①よほど深い事情 → ②よほどの事情
①もくもく出る煙 → ②もくもくの煙
①しとしと降る雨 → ②しとしとの雨
①びっしょりかく汗 → ②びっしょりの汗

この構造における「の」の用法は、〈格関係の一部を省略した「の」〉の用法の中の(4)の構造の「の」の用法に近い。すなわち「連体形」の省略を背景に持つ「の」という点で共通性がある。ただし「の」の承ける形式をみると、この構造における「の」が「連用修飾成分」を承けているのに対し、〈格関係を省略した「の」〉の場合はいわゆる補語といわれている成分を承けている点で違いを示す(橋本文法ではいわゆる補語も連用修飾成分の一種とみる)。

3　接続関係の一部を省略した「の」

「の」は接続関係の一部を省略したものの代わりにも用いられる。その基底には、次のような基本構造が見出される。

基本構造(丙)《接続成分＋連体形＋B体言》

その中で、「連体形」の部分が文脈や場面などで自明となっている場合はそれが省略され、代わりに「の」が「接続成分」と「B体言」を結ぶ形となる。その結果、次の連体修飾形式が成立する。

〔**接続成分＋の＋B体言**〕

その例を基本構造(丙)とともに示すと、次のようになる。①が基本構造(丙)で②が連体修飾形式である。

①小説を読んで抱く感想　→　②小説を読んでの感想
①風邪をこじらせてする入院　→　②風邪をこじらせての入院
①よく考えてする決心　→　②よく考えての決心
①歩きながらする飲食　→　②歩きながらの飲食

この構造における「の」の用法は、〈連用修飾関係を省略した「の」〉の用法に近い。接続関係も広く連用修飾関係の一種ととらえるならば、基本構造(丙)は必要なく、それらの例は基本構造(乙)に含めて説明することもできよう。

4　「の」は主格を表しうるか

「の」にはその直後の連体形にかかって主格を表しているようにみえる次のような用法がある。

千鶴子のいない人生
雨の降る日
色の白い花

いわゆる連体修飾節における主格を表す「の」といわれているものである。
「の」が体言と体言を結びつけて連体修飾関係を構成するというのは、いうまでもなくすべての文法論で一致する見方である。また連体修飾節において、たとえば前記用例でいうならば、「千鶴子」と「居ない」、「雨」と「降る」、「色」と「白い」がそれぞれ主述関係を構成しているという見方もほぼ一致している。問題は、その主述関係を表示する働きを担っているのは「の」なのか、あるいはそれ以外の形式なのかということである。

「の」が主格を表す働きを担っているとみる論ももちろんある。たとえば山田孝雄(一九二二)では「附属句の主格を示す」(一四五頁)とあり、橋本進吉(一九三五)にも「用言が連体形をなして、それ自ら体言に準ずべきものとなり、又は、体言につづく場合には、「の」が主語を表はす為に用ゐられることがある」(八一頁)とある。時枝誠記(一九五〇)にも「従属句の主語を表はすときに用ゐられる」(二二〇頁)とあり、松村明編(一九七一)などの辞典にも同様の見方が示されている。

一方、このような「の」の用法に主格表示と連体修飾の二つの複合機能を認める論もある。たとえば渡辺実(一九七四)では、「色の白い花」の例を出して、「色の」は「主格連用展叙を兼ねた連体展叙である」(八三頁)としている。

以上の見方に対し、「の」の働きはやはり連体修飾であるとみる立場もある。たとえば松下大三郎・徳田政信(一九七七)では、「雨の降る日」を例にとって、「雨の」は事柄の主体を表しているが、「主語とは違う。やはり連体語である。主体を主体として表すのではなく主体を以って事柄の所属を表すのである」(二五九〜二六〇頁)とし、「その用法を連体格の主体的用法といふ」(二六〇頁)と述べている。小池清治(一九九四)も、「の」表す主格は「意味的・結果的側面であり、構文的には連体修飾の働きをしている」としている。

さて、「雨の降る日」などにおける「の」にも連体修飾の働きを認める松下氏や小池氏などの見方は、その結論においてはおおむね妥当と解される。しかし、「雨の」と「降る」との関係が「意味的・結果的側面」などといわれても、いまひとつしっくりゆかない。その意味関係を構文的に担っているのは何なのかが問われなければならない。

そこでもう一度「の」の表現を振り返ってみる。基本構造(甲)《A体言＋格助詞＋連体形＋B体言》において、A体言とB体言の意味関係は《A体言＋格助詞＋連体形》で構成される格関係によって決定される。その格関係が自明である場合、「格助詞＋連体形」の部分が省略を受け、代わりに「の」がA体言とB体言を結び、その結果(1)〔A体言＋の＋B体言〕の連体修飾形式が成立するのである。格を体言が他の語に対して持つ論理的関係(一義的関係)と規定すれば、たとえば「漱石の写真」などの「の」が格を表しえないということについてもすでに述べた。それでも具体的な場面でA体言とB体言の意味関係が把握されるのは、場面や文脈の支えによって、「の」の背後に省略されている格関係が容易に喚起されうるからである。したがって、A体言とB体言の意味関係を決定しているのは「の」ではなくて、具体的な場面や文脈によって支えられ自明として省略されている「格助詞＋連体形」の部分である。

この「格助詞＋連体形」の部分を一挙に省略して「の」に置き換えると、A体言とB体言の意味関係が曖昧化する恐れがあり、それを避けるためには、「格助詞＋連体形」の部分で、格助詞か連体形のどちらかが顕現化する必要がある場合がある。格助詞が顔出ししたのが(4)〔A体言＋格助詞＋の＋B体言〕で、連体形2が顔出ししたのが(5)〔A体言＋の＋連体形2＋B体言〕である。格助詞が顔出しするか連体形2が顔出しするかは、格助詞の次に「の」が位置しうるか否かと深く関わっている。すなわち比較的自明ならざる格関係を表す格助詞「へ、と、から、で、より」の次には「の」は位置しうるが、比較的自明なる関係を表示する「が、を、に」の次には普通「の」は位置しえない。「へ、と、から、で、より」が顔出しすれば、「連体形2」は省略されて、前出(4)の連体修飾形式が成立し、「の」との関係で「が」が顔出しできないから、今度は「連体形2」が顔出しして(5)の連体修飾形式が成立するのである。

以上からもわかるように、たとえば「駅への道を急ぐ」において、「へ」が格関係を結んでいるのは、「の」の背後に省略されている連体形2「続く」である。また「千鶴子の居ない人生」において、連体形2「居ない」が格関係を結んでいるのは、「の」の背後に省略されている主格助詞「が」なのである。「の」は体言「千鶴子」と体言「居ない人生」を結ぶ連体修飾機能を担っているのであって、「千鶴子」と「居ない」を結んで主格を表しているのではない。だからこそ「千鶴子が居ない」で文を終止させても日本語としては成立するけれども、「千鶴子の居ない」で文を終止させると、不自然な日本語となってしまうのである。

このように、いわゆる連体修飾節において主格を表すとされる「の」は、その「の」が主格を表しているわけではないことがわかる。主格を表しているのは、「の」の背後に省略されている「が」なのである。「の」は現代語ではもっぱら連体修飾の機能を担う助詞とすべきである。

二　連体助詞「の」の準体助詞化

すでにみてきたように、連体助詞「の」の表現は、その背後に格関係、連用修飾関係、接続関係の一部をそれぞれ省略し、その代わりに「の」を用いた表現である。この連体助詞「の」は、さらにそれのかかってゆく体言が場面や文脈などによって自明である場合、その体言性を取り込んで準体助詞化し、表現を一層簡略化する。これまで述べてきた連体助詞の準体助詞化についてそれぞれ構造ごとにみてゆくと、以下のようになる。

1　格関係の一部を省略した「の」の準体助詞化

（1）〔A体言＋の＋B体言〕における「の」の準体助詞化

この構造における「の」は、ほとんど準体助詞化しうる。①が連体助詞で、②が準体助詞である。

①蛙の声が大きい　→　②（犬の鳴き声より）蛙のが大きい
①父の財産を管理する　→　②父のを管理する
①歌の会も作る　→　②（習字の会に加えて）歌のも作る
①京都の友人と会う　→　②京都のと会う
①広島の学会は盛会であった　→　②広島のは盛会であった
①従来の気象観測では間に合わない　→　②従来のでは間に合わない

（2）〔A体言＋の＋連用形＋B体言〕における「の」の準体助詞化

この構造における「の」は、場面や文脈の相当強力な支えがない限り準体助詞化しえない。この構造における B体言はほとんどが形式名詞で、その抽象的な意味を比較的具体化するために、その前に名詞性の連用形が補充されるのである。こうして形成される「連用形＋B体言」の複合語は、多少は具体化されたとはいえ、なお抽象名詞的性格を持ち、具体性が乏しい。そういう具体性を欠いた複合語の名詞性を「の」は取り込みにくいようで、この構造における「の」が準体助詞化しにくい理由もそこにあると解される(?は場面や文脈の強力な支えがあれば可能かと思われるもの、×は不可)。

①私の|やり方がまずい　→　②?私の|がまずい

①仕事の|進み具合を見る　→　②×仕事の|を見る

①酒の|飲み方を知らない　→　②×酒の|を知らない

①掲示板の|貼り紙を作る　→　②×掲示板の|を作る

(3)〔A体言＋の＋連体形1＋B体言〕における「の」の準体助詞化

この構造における「の」も準体助詞化しえない。たとえば「駅前の大きい店で買う」において、「の」が「大きい店」の名詞性を取り込んで「駅前ので買う」とした場合、日本語としては間違いではないが、この準体助詞「の」から「大きい店」を喚起することは容易ではない。ただし、B体言の体言性を取り込んだ準体助詞「の」を連体形1の後に置いて表現を簡略化することはできる。

①駅前の大きい店|で買う　→　②(近くの店でより)駅前の大きいの|で買う

①国境の長いトンネル|を抜ける　→　②(いくつものトンネルの後)国境の長いの|を抜ける

①学校の大きい桜が枯れる　→　②学校の大きいの|が枯れる

（４）〔A体言＋格助詞＋の＋B体言〕における「の」の準体助詞化

この構造における「の」はほとんど準体助詞化しうる。

①駅への道を急ぐ　→　②駅へのを急ぐ

①今日は友達との話がある　→　②今日は友達とのがある

①母からの手紙を読む　→　②母からのを読む

①東京での生活が長い　→　②東京でのが長い

（５）〔A体言＋の＋連体形２＋B体言〕における「の」の準体助詞化

この構造における「の」も準体助詞化しえない。たとえば「千鶴子の居ない人生は考えられない」において、「の」が「居ない人生」の名詞性を取り込んで、「千鶴子のは考えられない」とした場合、日本語として間違っているとはいえないが、この準体助詞「の」から「居ない人生」を喚起することは容易ではない。ただし、B体言の体言性を取り込んだ準体助詞「の」を連体形２の後に置いて表現を簡略化することはできる。

①千鶴子の居ない人生は考えられない　→　②千鶴子の居ないのは考えられない

①内容の貧弱な新教育制度ができた　→　②内容の貧弱なのができた

①色の白い花を買う　→　②色の白いのを買う

２　連用修飾関係の一部を省略した「の」の準体助詞化

連用修飾関係の一部を省略した「の」もほとんど準体助詞化しえる。

①明日の試合が楽しみだ　→　②（今日の試合より）明日のが楽しみだ

①遠くの山々　→　②（近くの山々はもちろん）遠くのも見える
①よほどの事情があるに違いない　→　②よほどのがあるに違いない
①もくもくの煙を避ける　→　②（煙は）もくもくのを避ける
①しとしとの雨　→　②（雨でも）しちしとのは嫌いだ
①びっしょりの汗がいい　→　②（べたつく汗より）びっしょりのがいい

3　接続関係の一部を省略した「の」の準体助詞化

接続関係の一部を省略した「の」もほとんど準体助詞化しうる。

①小説を読んでの感想も聞く　→　②（映画を見ての感想も聞くが）小説を読んでのも聞く
①風邪をこじらせての入院　→　②（重病での入院に加えて）風邪をこじらせてのもある
①よく考えての決心　→　②（即座の決心もさることながら）よく考えてのも大切だ
①歩きながらの飲食　→　②（立っての飲食に加えて）歩きながらのも禁止する

三　連体助詞「の」の省略と略語

これまで格関係、連用修飾関係、接続関係を持つ連体修飾形式が、文脈や場面によってその関係が自明となっている場合、それらの一部を省略し、代わりに連体助詞「の」を用いて表現を簡略化するということについてみてきた。この連体助詞「の」は、さらにかかってゆく体言の体言性を取り込んで準体助詞「の」となり、表現をより一層簡略化するということについてもみてきた。これらは、すべて自明なるものは省略して表現を簡略化するという方向を目指すものである。

一方、表現の簡略化は、連体助詞「の」の省略という方向でも進行する。これは、主に〔A体言＋の＋B体言〕の構造であらわれる。この構造で「の」が省略されると、A体言とB体言で複合語となり、その複合語がさらにもとの意味を崩さない限りにおいて省略が行なわれると、そこに略語が成立することになる。こうして成立する略語は漢字表記の語が圧倒的に多い。

以下「の」の表現と関連付けながら、漢字表記の略語についてみてゆくことにする。まず、例をあげる。

（a）通信による販売　→　通信の販売　→　通信販売　→　通販
（b）共同による主催　→　共同の主催　→　共同主催　→　共催
（c）教員を採用する採用試験　→　教員の採用試験　→　教員採用試験　→　教採
（d）学生が利用する食堂　→　学生の食堂　→　学生食堂　→　学食

このように漢字表記の略語は「の」の表現と密接に関わっている。ただし、これは漢字表記の略語の成立過程を示すものではない。（a）の例でいうならば、「通信販売」から「信」と「売」を略し、いわゆる下略下略の構造をとってできたのが「通販」であることは明白である。しかし、「通信販売」が通時的に「通信の販売」に、「通信による販売」にそれぞれ遡れるか否かについてはまだ何ともいえない。そういう通時的な変化過程については改めて考察する必要があるが、ここでの矢印は通時的成立過程を示したものではなく、理解の仕組みを示したものである。すなわち「通販」を聞きまたは見たりすれば、どういう仕組みで理解するのか、その理解の仕組みを示したものである。

以上の(a)~(d)は、たとえば、（a）の例でいうならば、次のような仕組みを持つと解される。

(ア)　通信による販売(格関係による表現)
(イ)　通信の販売(格関係の一部の省略と「の」による代置)
(ウ)　通信販売(「の」の省略。漢字複合語の成立)
(エ)　通販(漢字複合語の一部省略に基づく略語)

略語といわれるものは、通常(エ)の段階のものをいう。

ただし、中には(エ)段階まで省略が進まないものもある。次の例がそれである。

(e)　学生に付けた番号　→　学生の番号　→　学生番号
(f)　独断による専行　→　独断の専行　→　独断専行

これらは、(ア)の表現をもとに(イ)、(ウ)段階の省略は行なわれるが、さらに(エ)段階まで進んで、「学番」とか「独専」などの略語を形成するかといえば、そうはならない。

中には、(ウ)段階まで進まないものもある。

(g)　東京にある駅　→　東京の駅　→　×東京駅
(h)　東京にある大学　→　東京の大学　→　×東京大学

「東京大学」は「東大」という略語を作るが、これらももとは「東京の大学」「東京にある大学」の意味であったと解される。しかし、「東京大学→東大」が固有名詞化した時点では、「東京の大学」と「東京大学」の意味的つながりは消えてしまっている。

以上のように、漢字表記の略語は「の」の表現と深々とつながっている。

そのほかに漢字表記の略語には併置した語の一部を省略した略語もある。

東京と名古屋　→　東京名古屋　→　東名（高速）
名古屋と神戸　→　名古屋神戸　→　名神（高速）
日本大学と東洋大学と駒澤大学と専修大学　→　日本大学東洋大学駒澤大学専修大学　→　日東駒専

おわりに

以上、連体助詞「の」の表現についてみてきた。「の」の表現は、「格関係」「連用修飾関係」「接続関係」のそれぞれの一部を自明なるものとして省略し、代わりに「の」を用いて後続の体言につなぎ、表現の簡略化を目指すものである。さらに「の」は後続の体言が自明なる場合、その体言性を取り込んで準体助詞化し表現を一層簡略化する。

一方、漢字表記の略語も理解の仕組みでみてゆくと、そのほとんどが「の」の構文に置き換えられることがわかった。すなわち〔A体言＋の＋B体言〕において、A体言とB体言の連体修飾関係が「の」がなくても自明の場合、A体言とB体言が連接し、そこに漢字表記の複合語が成立することになる。さらに、その複合語のもとの意味を壊さない程度において省略を進めていったのが漢字略語であるといえよう。「の」の表現及び略語の表現は、文脈や場面によって自明なるものは省略するという特徴を示す表現である。

参考文献

内間直仁（一九九〇）『沖縄言語と共同体』社会評論社
内間直仁（一九九六）「助詞〈の〉と簡略化表現」『論集言葉と教育』（中條修編）和泉書院
奥津敬一郎（一九七八）『「ボクハ　ウナギダ」の文法――ダとノ――』くろしお出版
北原保雄（一九八一）『日本語の文法』（日本語の世界6）中央公論社
北原保雄（一九八四ａ）『文法的に考える』大修館書店
北原保雄（一九八四ｂ）『日本語文法の焦点』教育出版株式会社
小池清治（一九九四）『日本語はどんな言語か』筑摩書房
時枝誠記（一九五〇）『日本文法　口語篇』岩波書店
橋本進吉（一九三五）「助詞の研究」（『助詞・助動詞の研究』岩波書店（一九六九）所収）
松下大三郎（著）・徳田政信（編）（一九七七）『増補校訂標準日本口語法』勉誠社
松村　明（編）（一九七一）『日本文法大辞典』明治書院
山田孝雄（一九二二）『日本口語法講義』宝文館
渡辺　実（一九七四）『国語文法論』笠間書院

あとがき

本書に収めた内容は、大学で「沖縄の言語」「地域言語学」などの講義名で論じてきたものをまとめたものである。そのほとんどは既に論文として発表してきたものであるが、講義の過程で気づいたことや内容の不十分なところは加筆訂正し、学生や一般の人にもわかりやすいようにまとめなおしたものである。これで琉球方言を通して見えてくる意識や文化の一端について、比較的まとまった形で示しえたかと思う。

出版するにあたって、原稿を見た研究社の根本保行氏から書名を「琉球方言と文化」（あるいは「沖縄の言語と文化」）にしたらどうかというご提案があった。こちらもほぼ同様のタイトルを考えていないわけではなかったので、根本氏のご提案通りにしようと思ったこともある。しかし言葉の面から沖縄の文化・社会を見た場合、それを基底から深々と支えているのはウチ・ソト意識だと知ったとき、やはりそれを書名にすべきだと考えるようになった。さらに代名詞の用法などを改めて見たとき、これまでどこか曖昧さを残して使ってきたウチ・ソト意識が、比較的明確な形を取って見えてきたということもあって、それを術語として捉えなおしたことも書名とした理由の一つである。

内容としては、第一章に概論的な論述を置き、第二章以下はその具体的な展開ということで構成したつもりであるが、その構成もゆるやかなものである。各章はどこから読んでもわかるように述べてある。第五章の「ことばの故郷を歩く」は新たに書いたものであるが、今後継続して研究を続けて行きたいテーマの一つである。また第十章の「助詞『の』の表現」は共通語をテーマとしたもので、琉球方言を対象としたものではない。しかし共通語も言葉としてはウチで交わす文脈依存型言語であることを、「の」で見出した表現構造を通して示したつもりである。

本書をなすにあたっては、研究社の根本保行氏に大変お世話になった。論述でわかりにくいところを指摘していただいたり、用語の不統一を統一しあるいは読者の側から見て注記の必要な箇所を教えていただいたりと、いろいろお世話いただいた。また同じく研究社の中川京子氏にも原稿にお目通しいただいた。お二人には『沖縄語辞典——那覇方言を中心に——』の編集出版以来、ずっとお世話になってきている。根本氏、中川氏並びにご協力いただいた研究社編集部の方々に記して感謝申し上げる。

二〇一一年七月

内間直仁

内間直仁（うちま ちょくじん）
1939年沖縄県本部町生まれ。名桜大学名誉教授・琉球大学名誉教授・千葉大学名誉教授。主な編著書に『琉球方言文法の研究』（笠間書院）、『沖縄言語と共同体』（社会評論社）、『琉球方言助詞と表現の研究』（武蔵野書院）、『沖縄語辞典――那覇方言を中心に――』（共編著、研究社）など。他に論文・共著書多数。

〈検印省略〉

琉球方言《りゅうきゅうほうげん》とウチ・ソト意識《いしき》

2011年9月1日　初版発行

著　者　内間直仁《うちまちょくじん》

発行者　関戸雅男

発行所　株式会社　研究社
〒102-8152 東京都千代田区富士見2-11-3
電話　編集　03(3288)7711（代）
　　　営業　03(3288)7777（代）
振替　00150-9-26710
http://www.kenkyusha.co.jp/

印刷所　研究社印刷株式会社

ISBN978-4-327-38459-3　C3081　　Printed in Japan
装丁　株式会社 イオック（目崎 智子）